SOMMAIRE

GW00371719

Choisir sa randonnée

Les randonnées sont classées par ordre de difficulté.
Elles sont différenciées par des couleurs dans la fiche pratique
de chaque circuit.

très facile   Moins de 2 heures de marche
Idéale à faire en famille, sur des chemins bien tracés.

facile   Moins de 3 heures de marche
Peut être faite en famille. Sur des chemins, avec quelquefois des passages moins faciles.

moyen   Moins de 4 heures de marche
Pour randonneur habitué à la marche. Avec quelquefois des endroits assez sportifs ou des dénivelés.

difficile   Plus de 4 heures de marche
Pour randonneur expérimenté et sportif. L'itinéraire est long ou difficile (dénivelé, passages délicats), ou les deux à la fois.

Durée de la randonnée
La durée de chaque circuit est donnée à titre indicatif. Elle tient compte de la longueur de la randonnée, des dénivelés et des éventuelles difficultés.
Pas de complexe à avoir pour ceux qui marchent à « deux à l'heure » avec le dernier bambin, en photographiant les fleurs.

Quand randonner ?

■ Automne-hiver : les forêts sont somptueuses en automne, les champignons sont au rendez-vous (leur cueillette est réglementée), et déjà les grandes vagues d'oiseaux migrateurs animent l'air froid.

■ Printemps-été : en période de risques d'incendies, les sentiers de randonnée dans les massifs forestiers peuvent être interdits par arrêté préfectoral. Se renseigner auprès de la Direction Départementale de l'Agriculture et de la Forêt (tél. 04 98 10 55 41).

■ Les journées longues de l'été permettent les grandes randonnées, mais attention aux coups de chaleur. Il faut boire beaucoup d'eau.

■ En période de chasse, certaines randonnées sont déconseillées, voire interdites. Se renseigner en mairie.

Avant de partir, il est recommandé de s'informer
sur le temps prévu pour la journée,
en téléphonant à Météo France : 32 50

Pour se rendre sur place

En voiture
Tous les points de départ sont facilement accessibles par la route.
Un parking est situé à proximité du départ de chaque randonnée.
Ne laissez pas d'objet apparent dans votre véhicule.

Par les transports en commun
■ Les horaires des trains SNCF sont à consulter
dans les gares, par téléphone au 08 92 35 35 35, ou sur Minitel 3615 *SNCF*, internet :
http://www.sncf.fr

■ Pour se déplacer en car : se renseigner auprès des Offices de tourisme et Syndicats d'initiative.

 # Où manger et dormir dans la région ?

Un pique-nique sur place ?
Chez l'épicier du village, le boulanger ou le boucher,
mille et une occasions de découvrir les produits locaux.

Pour découvrir un village ?
Des terrasses sympathiques où souffler et prendre un verre.

Une petite faim ?
Les restaurants proposent souvent des menus du terroir. Les tables d'hôtes et les fermes-auberges racontent dans votre assiette les spécialités du coin.

Une envie de rester plus longtemps ?
De nombreuses possibilités d'hébergement existent dans la région.
Pour les hébergements des PR 19 à 22, s'adresser aux offices de tourisme du canton de Fayence (coordonnées page 8).

Boire, manger et dormir dans la région ?	ALIMENTATION	RESTAURANT	CAFÉ	HÉBERGEMENT
Callian	X	X	X	X
Fayence	X	X	X	X
Mons	X	X	X	X
Montauroux	X	X	X	X
Seillans	X	X	X	X
Saint-Paul-en-Forêt	X	X	X	X
Tanneron	X	X	X	X
Tourrettes	X	X	X	X

La randonnée est reportée en rouge sur la carte IGN

Rivière

Village

La forêt (en vert)

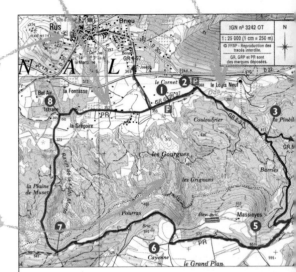

IGN n° 3242 OT

1 : 25 000 (1 cm = 250 m)

© FFRP - Reproduction des tracés interdite.

GR, GRP et PR sont des marques déposées.

La fabrication de l'ocre

Le minerai brut d'extraction doit être lavé pour séparer l'ocre marchande des sables inertes. L'eau délaie la matière brute qui décante pendant le trajet pour ne laisser subsister que de l'ocre pur que le courant emporte dans les bassins. Après plusieurs jours de repos dans les bassins, l'eau de surface ne contient plus d'ocre. La couche d'ocre déposée au fond peut atteindre 70 à 80 cm d'épaisseur. Encore à l'état pâteux, la surface de l'ocre est griffée à l'aide d'un carrelet. Elle est ensuite découpée à la bêche et entassée en murs réguliers où les briquettes d'ocre achèvent de sécher. Le matériau part ensuite pour l'usine où s'achèvera son cycle de préparation : broyage, blutage et cuisson.

Colorado provençal. *Photo D. G.*

52

Pour en savoir plus

Nom et Numéro de la randonnée

Pour se rendre sur place

Temps de marche à pied

Longueur

3 h
9 Km

Classement de la randonnée :

☐ Très facile	■ Moyen
☐ Facile	■ Difficile

 572m / 345m — Point le plus haut / Point le plus bas

 Parking

 Balisage des sentiers *(voir page 7)*

 Attention

 Prévoir des jumelles

 Prévoir une lampe de poche

 Emporter de l'eau

 Sites et curiosités à ne pas manquer en chemin

Autres découvertes à faire dans la région

Le Sentier des Ocres

Fiche pratique 17

Cet itinéraire présente le double avantage d'une découverte à la fois panoramique et intime des ocres.

3 h
9 Km   572m / 345m

Situation : Rustrel sur la D 22 à 13 km au Nord-Est d'Apt

 Parking communal de Rustrel

 Balisage
❶ à ❸ blanc-rouge
❸ à ❼ jaune

Difficulté particulière
■ passages raides dans la descente sur Istrane

Ne pas oublier

❶ Du parking, emprunter la route vers l'Est.

❷ Dans le prochain virage à gauche, prendre à droite l'ancien chemin de Rustrel à Viens qui descend vers la Doa. Franchir le torrent. Passer à côté d'un cabanon en ruine. Un peu plus haut, le chemin surplombe un cirque de sables ocreux.

❸ Laisser le GR° 6 à gauche. Plus haut le chemin surplombe le ravin de Barries et le moulin du même nom. En haut du vallon de Barries, prendre à gauche une route.

❹ Au carrefour suivant, tourner à droite.

❺ Après une petite ferme entourée de cèdres et de cyprès, prendre à droite le chemin qui parcourt le rebord du plateau.

❻ Après une courte descente, prendre à droite. Suivre le haut du ravin des Gourgues. Ne pas prendre le prochain sentier sur la gauche. A la bifurcation suivante, prendre à gauche le sentier à peu près horizontal qui s'oriente vers l'Ouest. Un peu plus loin, longer une très longue bande de terre cultivée. Se diriger vers la colline de la Croix de Cristol.

❼ Au pied de celle-ci, prendre à droite le sentier qui descend vers Istrane. *Il s'agit de l'ancien chemin de Caseneuve à Rustrel. Une éclaircie ouvre des points de vue sur les pentes ravinées de Couvin, sur la chapelle de Notre-Dame-des-Anges et sur Saint-Saturnin-lès-Apt. Au fur et à mesure de la descente, la végétation change de physionomie pour laisser place à des espèces qui affectionnent les terrains sableux. Franchir la Doa et remonter la route jusqu'à Istrane.*

❽ Au croisement, prendre à droite l'ancien chemin de la poste. Passer à proximité d'une ancienne usine de conditionnement de l'ocre, puis à côté de Bouvène. Avant de regagner le point de départ, on peut remarquer le site des Cheminées de Fées *(colonnes de sables ocreux protégées par des blocs de grès).*

À voir

 En chemin
■ Gisements de sables ocreux
■ Chapelle Notre-Dame-des-Anges

 Dans la région
■ Roussillon : sentier des aiguilles et usine Mathieu, consacrés à l'exploitation de l'ocre.

53

Description précise de la randonnée

Des astuces pour une bonne rando

■ Prenez un petit sac pour y mettre la gourde d'eau, le pique-nique et quelques aliments énergétiques pour le goûter.

Le temps peut changer très vite lors d'une courte randonnée. Un coupe-vent léger ou un vêtement chaud et imperméable sont conseillés suivant les régions.

En été, pensez aux lunettes de soleil, à la crème solaire et au chapeau.

■ La chaussure est l'outil premier du randonneur. Elle doit tenir la cheville. Choisissez-la légère pour les petites randonnées. Si la rando est plus longue, prévoyez de bonnes chaussettes.

■ Mettre dans votre sac à dos l'un de ces nouveaux petits guides sur la nature qui animera la randonnée. Ils sont légers et peu coûteux. Pour reconnaître facilement les orchidées sauvages et les différentes fougères. Cela évite de marcher n'importe où et d'écraser des espèces rares ou protégées.

■ Pour garder les souvenirs de la randonnée, des fleurs et des papillons, rien de tel qu'un appareil photo.

■ Les barrières et les clôtures servent à protéger les troupeaux ou les cultures. Une barrière ouverte sera refermée.

■ Les chiens sont tenus en laisse. Ils sont interdits dans les parcs nationaux et certaines zones protégées.

SUIVEZ LE BALISAGE POUR RESTER SUR LE BON CHEMIN.

LE BALISAGE DES SENTIERS

	PR®	GR®	GRP®
Bonne direction			
Tourner à gauche			
Tourner à droite			
Mauvaise direction			

© FFRP - Reproduction interdite

Vous pourrez rencontrer d'autres couleurs de balisage sur le terrain. Elles sont indiquées dans la fiche pratique de chaque circuit.

PR LES GORGES 1h

Où s'adresser ?

■ Comité régional du tourisme (CRT)

Le CRT publie des brochures d'informations touristiques (gratuites) sur chaque région administrative.
• CRT PACA, Les Docks Atrium, 10 place Joliette, 13002 Marseille, tél. 04 91 56 47 00

■ Comité départemental du tourisme (CDT)

Le CDT publie des brochures d'informations touristiques (gratuites) sur les activités, les séjours et l'hébergement dans le département.
• CDT du Var, 1, bd Maréchal-Foch, 83300 Draguignan, tél. 04 94 50 55 50, fax 04 94 50 55 51

■ Offices de tourisme

Canton de Fayence
• Callian (83440), 3, place Bourguignon, tél. 04 94 47 75 77
• Fayence (83440), place Léon-Roux, tél. 04 94 76 20 08
• Mons (83440), place Saint-Sébastien, tél. 04 94 76 39 54
• Montauroux (83440), place du Clos, tél. 04 94 47 75 90
• Saint-Paul-en-Forêt (83440), Hôtel de Ville, tél. 04 94 39 08 80
• Seillans (83440), Le Valat, tél. 04 94 76 85 91
• Tanneron (83440), Hôtel de Ville, tél. 04 93 60 71 73
• Tourrettes (83440), Mairie, tél. 04 94 39 07 20

Saint-Raphaël
• Office municipal de tourisme et des congrès, rue Waldeck-Rousseau, B.P. 210, 83702 Saint-Raphaël Cedex - site Internet : www.saint-raphael.com

Pour trouver un hébergement sur l'ensemble du canton de Fayence
• Centrale de réservation, rue Waldeck-Rousseau, B.P. 210, 83702 Saint-Raphaël Cedex, tél. 04 94 19 10 60, fax 04 94 19 10 67 e-mail : reservation@saint-raphael.com, site Internet : www.saint-raphael.com

■ La Fédération française de la randonnée pédestre (FFRP)

• **Centre d'information *Sentiers et Randonnées***
Pour tout renseignement sur la randonnée pédestre en France et sur les activités de la FFRP :
FFRP, 14, rue Riquet, 75019 Paris, tél. 01 44 89 93 93, fax 01 40 35 85 67, e-mail : info@ffrp.asso.fr, site Internet : www.ffrp.asso.fr
• **Comité départemental de la randonnée pédestre (CDRP)**
Le CDRP contrôle la qualité des itinéraires de ce topo-guide. N'hésitez pas à lui faire part de vos remarques ou suggestions.
CDRP du Var, Hélianthe, rue Émile-Ollivier, La Rode, 83000 Toulon, tél. 04 94 42 15 01, e-mail : cdrp83@free.fr ou RANDO-VAR@wanadoo.fr, site Internet : http://cdrp83.free.fr
• **Comité régional de la randonnée pédestre (CRRP)**
CRRP, 21, avenue de Mazargues, 13008 Marseille, tél. 04 91 32 17 11

■ Divers

• **Centre européen de vol à voile**, aérodrome, 83440 Fayence, tél. 04 94 76 00 68
• **Base d'aviron**, quartier Biançon, 83440 Montauroux, tél. 04 94 39 88 64
• **Réserve biologique de Fondurane**, renseignements à l'office de tourisme de Montauroux
• **Les bambous du Mandarin**, Pont de Siagne, 83440 Montauroux, tél. 04 93 66 12 94 (heures d'ouverture : tous les samedis de 8 h à 18 h ou sur rendez-vous)
• **Écomusée**, renseignements à l'office de tourisme de Fayence
• **Fondation Max Ernst**, renseignements à l'office de tourisme de Seillans
• **Musée de la Marine**, rue des Costillons, 83440 Mons, tél. 04 94 76 35 66
• **Musée du souvenir**, renseignements à l'office de tourisme de Seillans

Découvrir le pays de Fayence et ses villages perchés

Callian. *Photo A.*

Murailles et châteaux perchés sont érigés pour protéger les villages des invasions des sarrasins venus de la mer. À la Renaissance, la région connaîtra les vicissitudes des guerres de Religion. De nombreux sentiers de randonnées sont d'anciens chemins qui reliaient les villages entre eux.

Un relief tourmenté

Situé sur les contreforts alpins, le pays de Fayence s'étend du nord au sud entre le mont Lachens (1 714 mètres) et les collines de Tanneron et de Saint-Paul-en-Forêt. Il se caractérise par les canyons de la Siagne et de la Siagnole – près de Mons –, pays des landes à moutons et des chênes verts, et, plus au sud, par les collines et les villages perchés de Seillans, de Fayence, de Tourrettes, de Callian et de Montauroux, où vergers, vignobles, fleurs et oliveraies ont la part belle.

Une histoire tumultueuse

Les vestiges néolithiques rappellent que le pays de Fayence a été, dès la préhistoire, une terre d'accueil. À partir du Ve siècle, le christianisme étend son influence grâce au rayonnement du monastère de Lérins, créé par saint Honorat, alors évêque d'Arles.

Une nature exceptionnelle

Outre les villages perchés dorés par le soleil où il fait bon vivre, le pays de Fayence est aujourd'hui réputé pour sa large offre de loisirs au sein d'une nature exceptionnellement belle et protégée : vol à voile, aviron et pêche sur le plan d'eau du lac de Saint-Cassien, golf de stature internationale, etc.

Vue du pont des Tuves. *Photo P.T.*

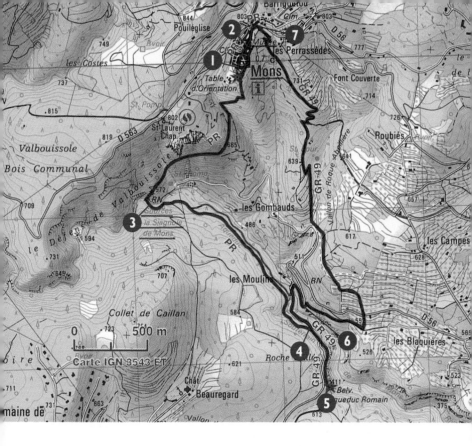

L'aqueduc de la Roche-Taillée

La Roche-Taillée. *Photo Y.G.*

Pour alimenter Fréjus en eau potable, les Romains décidèrent de capter au pied du promontoire de Mons les sources abondantes de Neissou (lesquelles se jettent dans les gorges de la Siagnole). Ils taillèrent le long de la rive droite de la Siagnole un canal à même le roc sur plus de 5 kilomètres. Rien ne les arrêta, pas même une roche surplombant le ravin, qu'ils creusèrent à coups de barre de fer (les marques sont encore visibles), ouvrant ainsi une tranchée longue de 50 mètres, large de 3,6 mètres et haute de plus de 10 mètres. Le canal se situe à 2 ou 3 mètres sous terre. Ce tronçon de l'aqueduc est toujours en service ; les autres, en ruine, sont encore visibles le long de son trajet, notamment à Fayence dans le parc de l'hôtel de la Camandoule.

La Roche-Taillée

Renard. *Dessin N.L.*

À la découverte des sources et des gorges de la Siagnole et de l'aqueduc, impressionnant ouvrage romain encore en usage de nos jours.

3 h 30
8,5 Km

814m
411m

Situation Mons, à 13,5 km au Nord de Fayence par la D 563

 Parking place Saint-Sébastien

 Balisage

① à ④ jaune
④ à ⑦ blanc-rouge
⑦ à ① jaune

 Difficulté particulière

■ circuit à ne pas entreprendre par temps de pluie ou d'orage

❶ De la place Saint-Sébastien à Mons, prendre la rue qui passe à l'Auberge Provençale, dépasser le restaurant et suivre la rue à droite.

❷ Après la placette, continuer par le sentier qui descend vers les sources de la Siagnole.

❸ Aux sources, marcher sur le terre-plein de l'aqueduc et déboucher sur la D 56.

❹ La prendre à droite sur 50 m et continuer par le sentier en contrebas de la route. Il passe dans le défilé de la Roche-Taillée. Poursuivre sur l'aqueduc jusqu'au belvédère.

❺ Revenir sur ses pas.

❹ Ne pas reprendre le chemin de l'aqueduc, mais continuer par la D 56. Franchir le pont et poursuivre par la route jusqu'au second tournant.

Ne pas oublier

❻ S'engager sur le sentier à droite. Il traverse le bois, puis grimpe à gauche entre les terrasses. Couper la D 56 et continuer par le chemin qui passe entre les champs, puis qui s'élève dans les bois (*bien suivre le balisage*) et qui débouche sur la D 56.

❼ Tourner à gauche et traverser le village pour rejoindre la place Saint-Sébastien.

À voir

 En chemin

■ Mons : village perché, panorama ■ source et vallée de la Siagnole ■ aqueduc romain ■ La Roche-Taillée ■ anciennes terrasses

 Dans la région

■ La Roque-Esclapon : château de la Lubi, mont Lachens (parapente, vol libre) ■ Bargème : village pittoresque et ruines du château

Source de la Siagnole. *Photo G.D.*

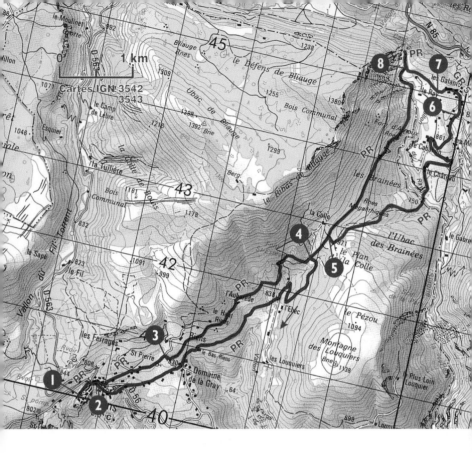

Les mégalithes de Mons

La commune de Mons possède 11 dolmens de la fin du néolithique – dont trois sont classés monuments historiques –, qui témoignent d'un important groupe social il y a plus de 4 000 ans. Formés d'une dalle horizontale reposant sur des blocs verticaux, les dolmens étaient aménagés au centre de tumulus : ils abritaient des tombes collectives où reposaient entre 30 et 40 corps. Des rouleaux de bois et des cordages auraient permis d'acheminer et d'élever ces blocs de pierre de plusieurs tonnes.

Des rites précis étaient observés lors de la mise en sépulture ; de même, des armes, des objets usuels ou des bijoux accompagnaient les défunts dans leur dernier voyage.

Seul le dolmen de Saint-Pierre (ou de Riens) peut se visiter : il présente une entrée en forme d'ogive.

Mégalithe. *Photo G.D.*

Les mégalithes de Mons

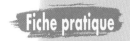 **Fiche pratique** **2**

Découvrez les mégalithes autour de Mons en une journée (circuit des Brainées) ou en une courte balade pour toute la famille (circuit du Riens).

Situation Mons, à 13,5 km au Nord de Fayence par la D 563

① Traverser Mons par la rue Jean-Vadon qui part de la mairie. Emprunter la D 56 sur 30 m à droite.

 Parking place Saint-Sébastien

② Prendre la rue à gauche jusqu'à la chapelle Saint-Pierre.

 Balisage

▶ Par la route sur 70 m et le sentier à droite (panneau), possibilité de voir le dolmen de Riens.

① à **⑥** jaune
⑥ à **⑦** blanc-rouge
⑦ à **①** jaune

③ Prendre la piste à droite puis le sentier à gauche sur 3 km jusqu'à la large piste.

 Difficulté particulière

▶ Variante des Mégalithes-du-Riens (*circuit de 8 km*) : emprunter cette piste, à droite, qui ramène à Mons, par le centre équestre.

■ circuit à ne pas entreprendre par temps de neige

④ Emprunter la large piste sur 20 m puis prendre une autre piste à gauche qui monte à la citerne DFCI.

⑤ Se diriger à droite sur 25 m.

▶ À droite, un petit chemin mène à 40 m à un mégalithe.

Ne pas oublier

Continuer par le sentier qui descend (*à droite, dolmen de la Brainée*) et franchir le vallon. Au poteau-flèche n° 89, poursuivre par la route en face, puis se diriger à gauche vers Le Cabanon. Dans le hameau, prendre la route à droite et atteindre le poteau-flèche n° 95.

 À voir

⑥ Continuer par la route en face et traverser Les Galants.

 En chemin

⑦ Après les maisons, poursuivre tout droit par le sentier et atteindre un embranchement.

■ Mons : village perché, panorama ■ musée Mer et Montagne ■ oratoire Saint-Pierre ■ ruines mégalithiques ■ cascade

▶ Tout droit, le sentier mène à la cascade de Clar.

⑧ Prendre le sentier à gauche et retrouver la citerne DFCI.

 Dans la région

⑤ Revenir sur la large piste.

④ L'emprunter à gauche. Elle passe au centre équestre puis, devenue route, au Bas-Riens, ramène à la D 56. La suivre à droite jusqu'à Mons et traverser le village pour rejoindre la place Saint-Sébastien.

■ ancienne route Napoléon ■ Escragnolles : ruines de la chapelle Saint-Martin (hameau de La Collette)

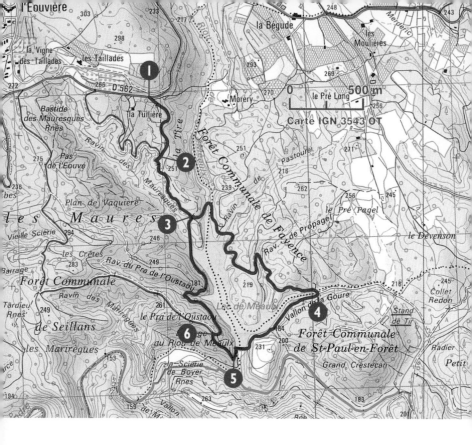

La Fête des fleurs de Seillans

La Fête des fleurs. *Photo E.B.*

Le pays de Fayence bénéficie d'un climat et d'un sol particulièrement favorables à la culture des fleurs. Cette dernière, ancrée dans la tradition locale depuis la création de la parfumerie de Seillans, à la fin du XIXe siècle, participe encore activement à la vie économique locale.

C'est pourquoi la commune seillanaise organise une Fête des fleurs tous les deux ans, à la Pentecôte : tandis que les rues s'agrémentent de compositions réalisées par les fleuristes de la région, les places et les fontaines sont laissées à l'imagination de jardiniers paysagistes. Par ailleurs, des expositions, des animations de rue, des cours d'art floral, des conférences et des foires animent le cœur historique de Seillans, classé parmi les « plus beaux villages de France ».

Le lac de Méaulx

Entre le massif des Maures et les forêts de Fayence, Seillans et Saint-Paul-en-Forêt, ce lac, alimenté par le riou de Méaulx, offre un paysage bucolique très apprécié des pêcheurs.

Rose. *Dessin N.L.*

2 h
6 Km

266m
181m

Situation Brovès-en-Seillans (commune de Seillans), à 8 km au Sud-Ouest de Fayence par les D 53 et D 562

 Parking D 562, à 1,5 km au Sud-Ouest de Brovès-en-Seillans

 Balisage

jaune

❶ Prendre la grande piste, passer une barrière et descendre par la piste jusqu'à un carrefour.

❷ Laisser la piste qui descend sur la droite, continuer par la piste initiale, passer la barrière et poursuivre jusqu'à une intersection, près du lac.

❸ Prendre la piste qui longe le lac à gauche. Elle zigzague en suivant la rive de plus ou moins près et, après une légère descente, atteint un embranchement au bout du bras Est, dans le vallon de la Goure.

❹ Tourner à droite, longer la rive Sud du lac, franchir le gué du déversoir (*prudence : ne pas s'aventurer dans le goulet*), continuer jusqu'au barrage et passer la digue. Grimper une pente raide sur 50 m.

❺ Prendre le chemin qui surplombe le lac à droite (Nord) et atteindre un croisement.

❻ Emprunter le chemin qui longe le lac à droite et retrouver l'intersection, près de la rive Nord du lac.

❸ Par le chemin emprunté à l'aller, rejoindre le parking.

 Difficulté particulière

■ gué sur le déversoir entre ❹ et ❺

Ne pas oublier

Lac de Méaulx. *Photo C.L.*

À voir

 **En chemin**

■ lac et barrage

 **Dans la région**

■ Brovès-en-Seillans : Musée du souvenir
■ cascades de Pennafort
■ Seillans : village perché, chapelle Notre-Dame-de-l'Ormeau (XIIe)

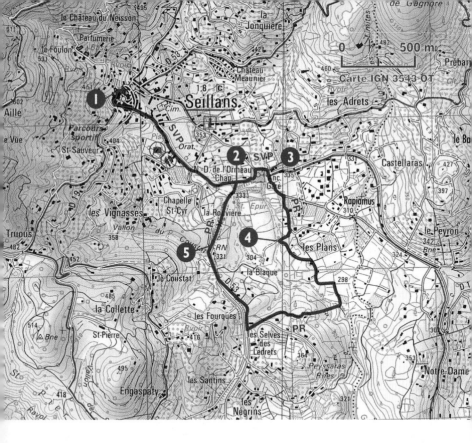

Les bories

Disséminées dans la nature, les bories sont de petites habitations en pierres sèches, aux murs épais, qui servaient d'abri provisoire aux paysans et aux bergers. Généralement rondes, en forme de dôme ou de ruche avec un toit en encorbellement, elles sont érigées selon une technique bien particulière d'empilement de gros blocs de pierres sèches non joints entre eux, chaque rangée étant posée légèrement en surplomb sur la précédente.

La commune de Seillans compterait à elle seule quelque 80 bories. Elles auraient été construites entre le XVIIIe et le XIXe siècle, lorsque s'est dispersé l'habitat, auparavant groupé au village, et que se sont développés le défrichement et la mise en culture des terrains.

Borie. *Photo C.L.*

Les bories de Seillans

Figuier.
Dessin N.L.

En famille, partez à la découverte d'un exemple étonnant du génie architectural des bergers provençaux : la borie.

① De l'office du tourisme, descendre dans le village par la rue de l'Église, la place du Thouron, la Grande-Rue, la rue du Portail et la rue du Bas-de-Ville. Traverser la D 53 au niveau de l'Abribus de Saint-Cyr et continuer en face.

② Le sentier tourne à gauche pour atteindre la chapelle Notre-Dame-de-l'Ormeau (*XIIe siècle*). Derrière la chapelle, emprunter la D 19 à droite sur 50 m.

③ Au croisement, continuer par la D 19 sur 100 m, puis prendre à droite le chemin des Bas Plans sur 300 m et virer à droite.

④ S'engager à gauche pour atteindre la zone des bories (*cabanes en pierres sèches avec voûte en encorbellement, niches intérieures et entrée avec linteau de pierre*). Traverser le vallon de la Rouvière, puis une zone boisée, poursuivre par la route et déboucher sur la D 53. La prendre à droite sur 500 m.

⑤ Au niveau de la maisonnette de l'ancien garde-barrière, bifurquer à droite sur l'ancienne voie ferrée. Passer sous un pont, puis sur un deuxième pont (*vue sur le village*), descendre à gauche du pont et longer le poney-club avant de retrouver l'intersection de l'aller.

② Reprendre à gauche le chemin suivi à l'aller et remonter au village.

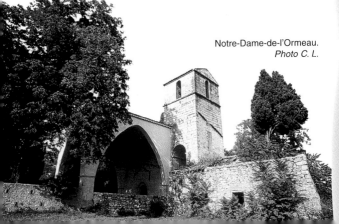

Notre-Dame-de-l'Ormeau.
Photo C. L.

2h
5 Km
404m
298m

Situation Seillans, à 7,5 km à l'Ouest de Fayence par la D 19

 Parking office du tourisme

Balisage
① à **③** blanc-vert (S.V.P. : Sentier des Villages Perchés)
③ à **②** jaune

Ne pas oublier

À voir

En chemin

■ Seillans : village perché
■ chapelle Notre-Dame-de-l'Ormeau (XIIe) ■ Fondation Max Ernst ■ bories
■ ancienne voie ferrée

 **Dans la région**

■ Brovès-en Seillans : musée du Souvenir
■ cascades de Pennafort

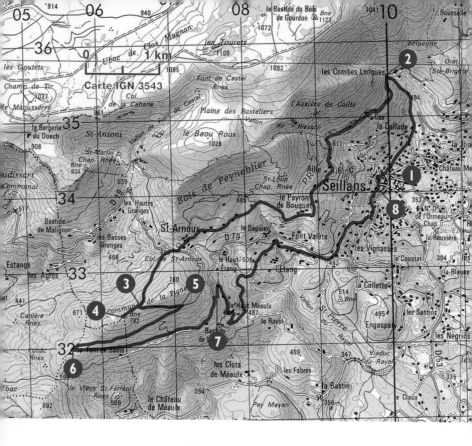

Le saussoun

Le saussoun (la « sauce », en provençal), à base de produits du terroir bon marché, était le repas traditionnel des moissonneurs au début du XXe siècle : il assurait un fort apport énergétique, nécessaire pour le travail aux champs.

Pour le réaliser, il faut 50 grammes d'amandes en poudre ou de pignons broyés et une cuillerée à soupe d'huile d'olive par personne, un bouquet de menthe, un bouquet de fenouil, une gousse d'ail, du sel et du poivre.
Faire une pommade au mortier ou au mixeur avec la menthe, le fenouil et l'ail. Assaisonner.
Allonger avec de l'eau jusqu'à obtention d'une pâte mi-épaisse, mi-fluide.
Tartiner et imbiber de saussoun des tranches de pain. Garnir de quelques filets d'anchois dessalés.
Le tout est délicieux avec des figues fraîches.

Ingrédients du saussoun. *Dessin N.L.*

La Pigne

6 h
18 Km

762m
404m

Cette randonnée d'une journée permet de gagner les hauteurs de la Pigne, où s'ouvrent de larges perspectives sur la plaine de Fayence, les massifs de l'Esterel et des Maures, et la mer…

Situation Seillans, à 7,5 km à l'Ouest de Fayence par la D 19

Parking office du tourisme

 Balisage jaune

❶ De l'office du tourisme, franchir la porte Sarrasine, descendre par la rue Souto-Barry (*remparts*), tourner à gauche, passer le pont sur le riou de la Parfumerie, prendre la rue du Moulin et continuer tout droit vers le vallon des Combes-Longues. Le remonter par le sentier des Combes-Longues jusqu'à un carrefour (586 m).

❷ Prendre la piste à gauche. Elle mène à Saint-Arnoux (*chapelle du* XVIe), puis au col de Saint-Arnoux (653 m) sur la D 19. Traverser la route et poursuivre par la piste de la Pigne. Elle s'élève jusqu'à la crête boisée et à une intersection.

❸ Se diriger à droite pour gagner le sommet (762 m ; *panorama sur la mer, l'Esterel et les Maures*).

❹ Revenir à l'intersection.

❸ Descendre à droite (Est) par la piste Est jusqu'à un embranchement.

Ne pas oublier

❺ Virer à droite (Ouest) sur la piste de L'Eouveirot (panneau). Elle mène à un carrefour de pistes.

❻ Prendre la piste des Adrets-de-la-Pigne (panneau) à gauche. Elle rejoint la piste de Font-du-Saule. Suivre cette dernière à gauche sur 400 m jusqu'à un croisement, avant la D 19.

 **À voir**

❼ Descendre à droite par une « carraire », puis emprunter à droite la route du Haut-Méaulx et traverser le hameau pour retrouver, plus bas, une petite route. La prendre à gauche, gagner Font-Roubaud, longer Le Bas-Étang et déboucher sur la D 19 au niveau de Truous. Couper la route et continuer en face vers Saint-Sauveur. Monter à gauche vers le haut du village par la place de la République.

 En chemin

- Seillans : village perché
- chapelle Saint-Arnoux (XVIe)
- Fondation Max Ernst
- panorama ■ Le Haut-Méaulx : hameau typique
- oliveraies de Font-Roubaud et de L'Étang

▶ Variante de retour : traverser la place du Thouron, suivre la rue de l'Église, passer la mairie et le château, pour rejoindre l'office du tourisme.

❽ Emprunter la route de la Parfumerie, passer au pied du château des Deux-Rocs et par la font d'Amon, pour retrouver l'office du tourisme.

 Dans la région

- Brovès-en-Seillans : musée du Souvenir ■ gorges de Châteaudouble

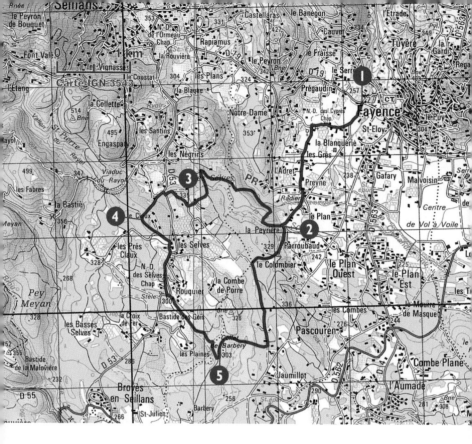

Notre-Dame-des-Cyprès

Notre-Dame-des-Cyprès. *Photo A.*

P lusieurs édifices religieux se sont succédé – probablement depuis l'époque romaine – à l'emplacement de Notre-Dame-des-Cyprès, édifiée entre la fin du Xe et le début du XIe siècle par les moines de l'abbaye de Lérins.

De style roman, son porche carré ouvert sur trois côtés donne sur une nef unique composée de deux travées en arc brisé et d'une abside en cul-de-four (demi-coupole). Sa chaire, aménagée dans l'épaisseur du mur, n'est accessible que de l'extérieur. Un petit clocher s'épaule sur une maison voisine par un arc-boutant. Cette chapelle un peu mélancolique, à l'ombre de cyprès séculaires, ne s'éveille que le 8 septembre lors du pèlerinage annuel. Il est possible de la visiter en demandant la clef à la maison attenante.

Les chapelles de Fayence

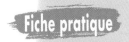

Cyprès. *Dessin N.L.*

Traversez un paysage transformé et cultivé par les vétérans romains, puis jalonné de chapelles et d'oratoires ponctués d'élégants cyprès, qui a su conserver son caractère agreste.

4h30
13,5 Km

371m
245m

Situation Fayence, à 35 km à l'Est de Draguignan par les D 562 et D 563

Parking écomusée de Fayence

Balisage
jaune

① De l'écomusée, couper la D 19 et prendre la petite route qui traverse les champs. Bifurquer sur la route à droite, passer la chapelle Notre-Dame-des-Cyprès, emprunter la route à gauche puis, au carrefour de Preyne, continuer tout droit par la route. Franchir le radier sur le Gabre puis atteindre un deuxième ruisseau, la Souate.

② Emprunter à droite le sentier, qui longe le ruisseau puis traverse des espaces boisés (*très anciennes restanques*). Après plus de 1 km, le sentier dessine un coude très prononcé vers le Sud-Est et débouche sur le chemin du Rougnet.

③ Le prendre à droite, tourner à gauche, puis emprunter la D 53 à droite sur quelques mètres avant de virer deux fois à gauche pour suivre la route du Claux.

④ À l'intersection après Le Claux, partir à gauche (Sud-Est) vers l'oratoire. Longer la D 53 à droite. Après la chapelle Notre-Dame-des-Selves, traverser la D 53 vers la gauche et suivre la piste en direction de La Cour-de-Paou.

⑤ Au collet de Barbery, tourner à gauche et déboucher sur une petite route. La prendre à gauche (Nord) sur 1 km. Au croisement, continuer à droite, puis retrouver le ruisseau de la Souate et l'intersection de l'aller.

② Par la petite route suivie à l'aller, rejoindre l'écomusée.

Ne pas oublier

À voir

En chemin

■ écomusée ■ chapelle Notre-Dame-des-Cyprès ■ anciennes restanques ■ oratoire ■ chapelle Notre-Dame-des-Selves

Dans la région

■ Fayence : centre international de vol à voile, golf international resort (domaine des Terres-Blanches)

Fayence. *Photo A.*

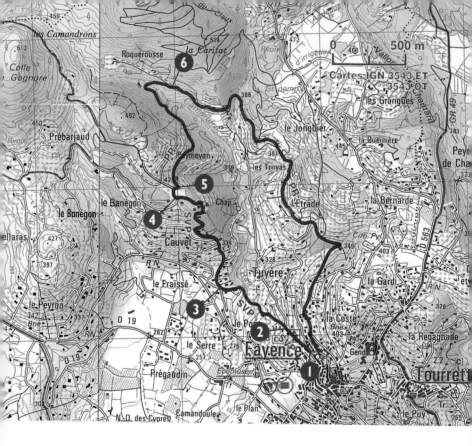

L'écomusée agricole du Pays de Fayence

Créé en 2000 à l'initiative d'une association vouée à la mémoire locale, cet écomusée présente de nombreux outils, instruments et matériels qui ont permis à des générations de paysans et d'artisans de cultiver le sol, de récolter et de transformer les produits de la terre. Les plus anciens datent du Moyen Âge (rare enclume du IVe siècle).

Les bâtiments de l'écomusée méritent à eux seuls la visite car ils abritent depuis 15 siècles les moulins communaux à huile et à farine : c'est ainsi que l'on peut entrevoir au sous-sol un moulin du IVe siècle (des fouilles sont à l'étude) et, à l'étage, un moulin à farine du XIIIe siècle dont la superbe roue à cuillères horizontales est mue par l'eau de la Camandre.

Écomusée agricole du Pays de Fayence.
Photo C.L.

Le vallon de la Camandre  7

Promenade au fil de la Camandre dans les forêts de pins et de chênes, avec de belles échappées sur la plaine de Fayence et le massif de l'Esterel.

Situation Fayence, à 35 km à l'Est de Draguignan par les D 562 et D 563

① De l'office du tourisme, prendre la rue Saint-Roch et continuer par le Sentier des Villages Perchés. Par la rue de Bonnefont, traverser la D 563 et descendre par le chemin de Bonnefont.

 Parking au-dessus de l'office du tourisme

② Le quitter et poursuivre par le chemin de la Camandre. Traverser le vieux pont, continuer par la route et gagner un carrefour.

Balisage

① à **④** blanc-vert (S.V.P. : Sentier des Villages Perchés)

③ Traverser le terre-plein et suivre le sentier entre deux routes. Monter jusqu'à l'oratoire.

④ à **①** jaune

④ Prendre la route à droite, et arriver à un carrefour (427 m). Suivre la route à droite sur quelques mètres (*point de vue sur Fayence, le centre de vol à voile et le mont Vinaigre*).

⑤ S'engager à gauche sur le sentier qui passe à flanc de colline, traverse le talweg de la Camandre et rejoint la piste de Roquerousse.

Ne pas oublier

⑥ La descendre à droite (*vue sur la falaise de Roquerousse, qui domine la Camandre*) et traverser des bois. Continuer jusqu'à une barrière, puis par la petite route. Laisser à droite un sentier herbeux qui conduit à la route de Bonnefont et, à gauche, une route qui mène à Mons (*vue sur Notre-Dame-des-Cyprès, le plateau de Canjuers et la parfumerie de Seillans*). Gagner Fayence et monter à gauche pour rejoindre l'office du tourisme.

À voir

Thym. *Dessin N.L.*

 En chemin

■ Fayence : village perché
■ point de vue sur Fayence, le mont Vinaigre et la falaise de Roquerousse

 **Dans la région**

■ Fayence : écomusée
■ Bargème : village pittoresque et ruines du château ■ vallée de l'Artuby

23

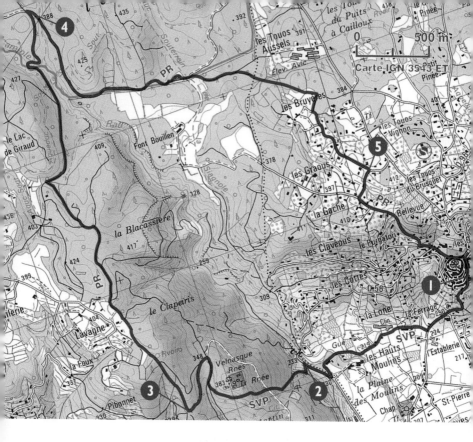

Les personnalités de Callian

Callian. *Photo A.*

Plusieurs célébrités du monde des arts et des lettres, séduites par Callian, y ont séjourné. Ainsi Juliette Adam, femme de lettres de la fin du XIXe siècle dont le salon fut l'un des centres de l'idéologie républicaine, ou Christian Dior, qui fit restaurer la chapelle Saint-Barthélemy de Montauroux, et qui repose depuis 1957 au cimetière du village.

Sur les hauteurs de Callian, on aperçoit la villa du peintre Fernand Léger, dont un musée, à Biot (Alpes-Maritimes), retrace l'œuvre. Enfin, près de l'église s'élève l'ancienne demeure d'Édouard Goerg, peintre et graveur expressionniste français. Le « Château Goerg » abritera bientôt un centre culturel, et son parc d'un hectare sera agrémenté d'un théâtre de verdure qui accueillera les manifestations culturelles du village.

La Camiole

Ce parcours longe les vestiges de Velnasque, autrefois place forte qui protégeait le village de Callian, et dégage de larges vues sur le massif de l'Esterel.

3 h 30
11 Km
388m
219m

Situation Callian, à 10 km à l'Est de Fayence par les D 19, D 562, D 256 et D 56

 Parking château Goerg

❶ De la place Saint-Roch, en contrebas de l'office du tourisme, descendre jusqu'à un croisement. Tourner à droite, continuer sur 700 m, puis traverser un gué et déboucher sur la D 56. La suivre à droite sur 200 m.

 **Balisage**

❶ à ❸ blanc-vert (S.V.P. : Sentier des Villages Perchés)

❸ à ❶ jaune

❷ Au terre-plein situé à gauche, prendre à gauche le petit sentier qui monte. Croiser la piste du canal, puis une large piste, et continuer par le sentier des Croix. Passer sous les ruines de Velnasque et retrouver la large piste. L'emprunter à gauche, franchir une barrière et atteindre une intersection.

 Difficulté particulière

■ gué entre ❶ et ❷

❸ S'engager sur la piste Talent à droite, passer une fontaine située à droite, franchir une barrière et continuer par la piste, en laissant à droite une piste qui descend. À la bifurcation en Y, poursuivre tout droit, puis tourner à gauche et descendre à droite. En bas, laisser sur la gauche la piste avec barrière et prendre tout droit le chemin de Pichot, jusqu'à un grand carrefour.

❹ Prendre la large piste centrale à droite et laisser deux chemins sur la gauche. Emprunter le petit sentier à droite, traverser une grande piste et continuer par le sentier. Tourner à droite, puis à gauche sur le chemin des Bruyères. Poursuivre par la petite route et atteindre un carrefour.

Ne pas oublier

❺ Emprunter le chemin des Graous à droite sur 200 m, puis à gauche le chemin des Queinières pour arriver au-dessous du lavoir sur la D 58. Suivre cette dernière à gauche et rejoindre l'office du tourisme, place Bourguignon.

 À voir

 En chemin

■ Callian : village perché
■ édifices religieux ■ gué sur la Camiole

Buis. *Dessin N.L.*

 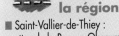 **Dans la région**

■ Saint-Vallier-de-Thiey : grottes de la Baume-Obscure

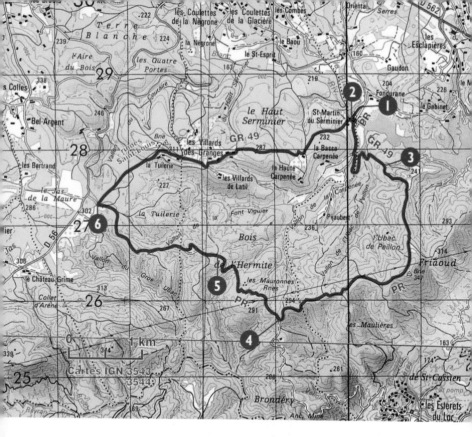

Le lac de Saint-Cassien

Le lac de Saint-Cassien depuis le Haut-Serminier.
Photo P.T.

Le lac de Saint-Cassien s'inscrit dans un paysage boisé où le vert des pins et des chênes est égayé, en hiver, par l'or des mimosas. Aménagé en 1964 sur le cours du Biançon, cet immense plan d'eau – 430 hectares et 60 millions de mètres cubes d'eau – a la double vocation d'irriguer les cultures maraîchères des communes du littoral et de fournir l'énergie nécessaire au fonctionnement de l'usine hydroélectrique d'EDF. Les canadairs viennent aussi s'y approvisionner lors d'incendies dans le secteur. Si la baignade, le canotage et la pêche attirent de nombreux touristes il convient toutefois d'observer des règles de prudence : brusques dénivellements d'eau liés au barrage et écopage d'avions bombardiers.

Le Haut-Serminier

Joyau du canton de Fayence, le plan d'eau de Saint-Cassien se révèle une providence pour les adeptes de pêche et de sports nautiques.

Sanglier. *Dessin N.L.*

❶ Au parking de droite, rejoindre le sentier au bout du parking et traverser le lac par le petit pont.

❷ Laisser à droite la route du retour et continuer par la route qui monte en pente douce à gauche. S'engager à gauche sur la piste DFCI G30. Elle dessine un lacet dans le vallon de la Carpenée, puis arrive à un croisement (166 m).

❸ Prendre la piste G32-Friaoud à droite. Elle monte pour atteindre le sommet de Brie (347 m ; *cabane de chasseur*). Continuer par la piste qui serpente sur la crête boisée puis débouche à un carrefour (276 m).

❹ Emprunter la piste à droite. Elle traverse le bois de l'Ermite et gagne un nouveau croisement (279 m).

❺ Laisser à droite le chemin qui rejoint Fondurane et continuer par la piste. Déboucher sur une petite route, près d'un poste de gaz (300 m).

❻ Prendre la route à droite. Elle passe à La Tuilerie.

▶ Sur la gauche, possibilité de voir les ruines Saint-Louis.

Continuer par la route. Passer Les Villards-des-Granges et descendre vers le lac. Retrouver le carrefour de l'aller.

❷ Par la route et le pont à gauche, rejoindre le parking.

Lac de Saint-Cassien. *Photo A.*

---

4 h • 13 Km — 347m / 151m

Situation Fondurane (commune de Montauroux), à 10 km au Sud-Est de Fayence par les D 19, D 562 et la route de Fondurane

 Parking de la réserve de Fondurane

 Balisage

❶ à ❷ jaune
❷ à ❸ blanc-rouge
❸ à ❻ jaune
❻ à ❷ blanc-rouge

Ne pas oublier

À voir

 **En chemin**

■ lac de Saint-Cassien
■ point de vue sur le lac
■ forêt domaniale
■ ruines Saint-Louis (bastide)

Dans la région

■ massif de l'Esterel
■ gorges de la Siagne
■ Grasse : vieille ville, parfumeries et musées

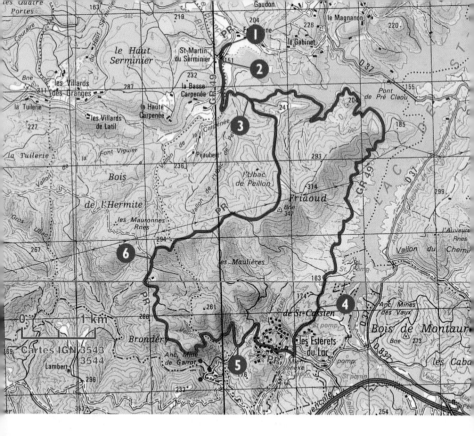

Le barrage EDF de Saint-Cassien

Barrage de Saint-Cassien. *Photo P.T.*

Les 60 millions de mètres cubes d'eau du lac de Saint-Cassien sont retenus derrière un barrage construit sur le cours du Biançon, un affluent de la Siagne ; cette dernière est dérivée en amont à la sortie des gorges de la Siagne pour alimenter le lac. Avec une longueur de 210 mètres et une hauteur de 60 mètres, cet ouvrage est classé parmi les grands barrages.

La puissance de l'usine hydroélectrique d'EDF mise en service en 1966 est de 20,5 millions de watts ; elle assure une production énergétique de 44 millions de kilowattheures par an et fournit 63 000 volts sur le réseau régional.

Aux vocations de production d'électricité et d'alimentation en eau de l'Est varois et de certaines agglomérations des Alpes-Maritimes, le barrage sert également à l'écrêtement des crues.

Le lac de Saint-Cassien

Ce parcours, très varié, surplombe le lac de Saint-Cassien au milieu des arbousiers et des bruyères arborescentes.

1 Au parking de droite, rejoindre le sentier au bout du parking et traverser le lac par le petit pont.

2 Continuer par la route qui monte en pente douce en face. S'engager à gauche sur la piste DFCI G30. Elle dessine un lacet dans le vallon de la Carpenée, puis arrive à un croisement (166 m).

3 Poursuivre par la piste qui revient vers le lac et le domine (*vue sur le pont de Pré-Claou, qui traverse le lac*).

4 Peu avant l'extrémité Sud du lac de Saint-Cassien, partir à droite et suivre la conduite forcée souterraine (*station de pompage*). Continuer par la rue des Roches, la rue du Belvédère et, à gauche, la rue du Lac. Arriver sur la place du village en passant sous le porche, traverser Les Esterets-du-Lac et gagner le vallon des Moulières (121 m). Prendre la piste à gauche et atteindre une intersection.

5 Emprunter la piste à droite. Elle s'élève en pente douce, franchit le vallon de Garrot puis les hauts des vallons de Pèbre et des Berthe, et arrive à un carrefour (276 m).

6 Prendre la piste à droite. Elle monte en pente douce le long de la crête boisée et atteint le sommet de Brie (347 m ; *cabane de chasseur*). Poursuivre par la piste qui descend en direction du lac et retrouver le croisement de l'aller.

7 Par l'itinéraire suivi à l'aller, rejoindre le parking.

Carpe. *Dessin N.L.*

6 h
18 Km

347m
107m

Situation Fondurane (commune de Montauroux), à 10 km au Sud-Est de Fayence par les D 19, D 562 et la route de Fondurane

P **Parking** de la réserve de Fondurane

 Balisage

1 à **2** jaune
2 à **4** blanc-rouge
4 à **7** jaune

Ne pas oublier

 À voir

 En chemin

- lac de Saint-Cassien
- forêt domaniale
- hameau des Esterets-du-Lac

Dans la région

- Corniche d'Or de l'Esterel (entre Saint-Raphaël et Théoule)
- massif de l'Esterel

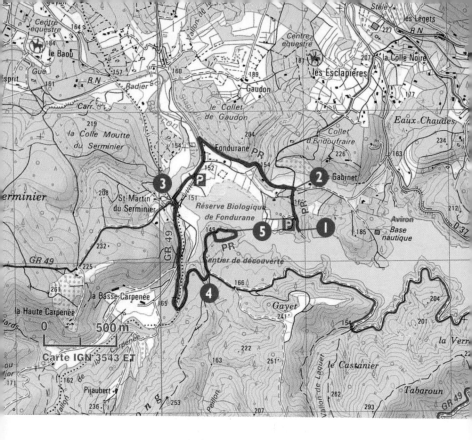

Le biotope de Fondurane

Cette réserve biologique de 43 hectares, située au fond d'un des bras du lac de Saint-Cassien, est l'un des rares espaces naturels où un écosystème – protégé depuis 1988 – peut être observé en toute saison. Propriété d'EDF et aujourd'hui géré par le Conservatoire d'étude des écosystèmes de Provence-Alpes-du-Sud (CEEP), elle accueille de nombreuses espèces d'oiseaux (175 espèces recensées) parmi les plus menacées de France : canard colvert, sarcelle d'hiver, héron cendré, chevalier guignette, busard des roseaux et autres oiseaux migrateurs… La cistude d'Europe (tortue aquatique française) et trois espèces de couleuvres (vipérine, à collier, de Montpellier), toutes inoffensives, y ont également trouvé un biotope idéal.

Héron cendré. *Photo N.V.*

La réserve de Fondurane

Cette réserve biologique exceptionnelle constitue un paradis pour la faune aquatique, et une étape appréciée par les oiseaux migrateurs.

2 h · 6 Km

165m / 149m

Situation Fondurane (commune de Montauroux), à 10 km au Sud-Est de Fayence par les D 19, D 562 et la route de Fondurane

 Parking plage du Rocher-de-l'Américain

 Balisage

1 à **3** jaune
3 à **4** blanc-rouge
4 à **5** jaune

Busard.
Dessin N.L.

1 Du parking, revenir par le chemin d'accès jusqu'à l'intersection avec la piste venant à droite de la base nautique.

2 Emprunter la piste à gauche. Elle surplombe le lac et arrive à un carrefour. Prendre la route à gauche, passer devant le parking de la réserve, franchir le pont et atteindre un nouveau carrefour.

Ne pas oublier

3 Continuer par la route qui monte en pente douce à gauche. S'engager à gauche sur la piste DFCI G30. Elle dessine un lacet dans le vallon de la Carpenée, puis franchit un second ruisseau dans un virage à gauche et s'élève faiblement.

4 Emprunter à gauche le sentier de découverte de la réserve et passer la barrière. Le sentier conduit, à travers la forêt de Fondurane (*silence recommandé*), à un observatoire ornithologique.

▶ *Tout au long de ce sentier, des petits panneaux sur pied indiquent les points d'observation d'arbres, de fleurs, d'oiseaux, d'insectes…*

5 Par l'itinéraire suivi à l'aller, rejoindre le parking du Rocher-de-l'Américain.

 En chemin

■ nombreuses espèces d'oiseaux ■ vestiges de l'aqueduc romain et d'un moulin XVIIIe ■ sentier de découverte ■ observatoire ornithologique

 **Dans la région**

 ■ Corniche d'Or de l'Esterel (entre Saint-Raphaël et Théoule) ■ massif de l'Esterel

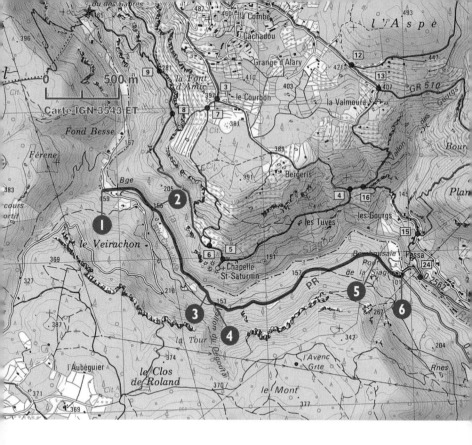

Les bambous du mandarin

Bienvenue en Orient ! Dès l'entrée, le visiteur est saisi par l'exotisme de ce jardin tropical, où les bambous dressent leurs hautes tiges (jusqu'à 30 mètres de haut en quelques mois). Au sein d'un dédale d'allées ombragées le long de la Siagne, un guide-musicien décrit les nombreuses variétés de cette plante qui, bien qu'originaire d'Extrême-Orient, s'est très bien adaptée au climat provençal. Fin comme une flèche ou épais comme un tuyau d'orgue, le bambou peut prendre différentes teintes (du vert au gris) ; il est comestible, et sert aussi à l'ameublement. La visite est enrichie de mélopées asiatiques que le guide tire de ses dix instruments, parmi lesquels une flûte de Pan et un shakuhachi, flûte japonaise au son rauque.

La bambouseraie. *Photo Y.G.*

Le barrage de la Siagne

Découvrez l'exotisme de la bambouseraie après avoir cheminé le long des gorges de la Siagne.

❶ Prendre la piste à droite sur 30 m. Continuer par la piste jusqu'à une intersection.

❷ Quitter la piste pour emprunter sur la gauche le sentier qui descend vers la Siagne et longer la rivière.

❸ Bifurquer à droite sur le petit sentier qui monte jusqu'à un terreplein.

Bambou.
Dessin N.L.

❹ Prendre le sentier à gauche et continuer jusqu'à une borne de gaz.

❺ Suivre le sentier légèrement à droite le long de la bambouseraie jusqu'à la D 562 et gagner l'entrée de la bambouseraie, située à gauche avant le pont sur la Siagne (*visite possible ; voir la rubrique « Adresses utiles », page 8*).

❻ Par l'itinéraire suivi à l'aller, revenir au parking du barrage.

2 h
6 Km

159m
101m

Situation Montauroux, à 12 km à l'Est de Fayence par les D 19, D 562 et D 37

 Parking barrage EDF (vallée de la Siagne), à 4 km au Nord-Est du village par le chemin du Moulin et la route du Barrage

Balisage
jaune

Ne pas oublier

 À voir

En chemin
- vallée de la Siagne
- bambouseraie

 **Dans la région**
- Grasse : vieille ville, parfumeries, musées
- lac de Saint-Cassien : plage et sports nautiques

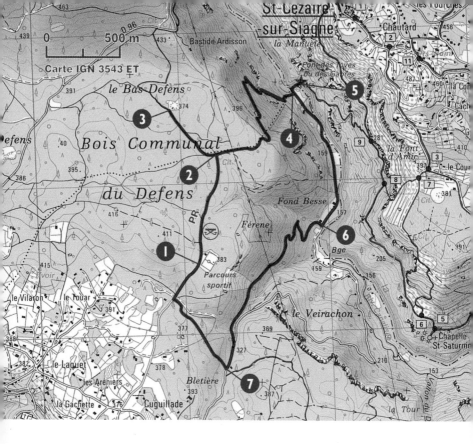

Le pont des Tuves

Perché au sommet de la falaise qui domine les gorges de la Siagne, le village de Saint-Cézaire n'est pas d'un accès facile. Naguère, si l'on venait de Montauroux ou de Callian, une seule piste permettait d'y parvenir directement : elle descendait en pente douce vers la Siagne, qu'elle franchissait au pont des Tuves avant de s'élever par un chemin muletier vers la citadelle de Saint-Cézaire.

Le pont des Tuves (appelé pont des Gabres à Saint-Cézaire) a été construit en 1802, puis restauré en 1978 : longtemps seul lien de communication entre ces trois villages, il fut confondu avec un pont romain, situé à quelques mètres en aval et dont il ne reste plus que la culée.

Ce site pittoresque est un lieu d'excursion et de baignade très recherché.

Le pont des Tuves. *Photo P.T.*

Le pont des Tuves

2 h 30 • 7 Km

383m / 157m

Situation Montauroux, à 12 km à l'Est de Fayence par les D 19, D 562 et D 37

Partez en famille à la découverte d'une oasis de fraîcheur, où cascade une eau cristalline dans un décor bucolique.

1 Prendre la piste tout droit dans le prolongement de la route, passer la barrière et continuer jusqu'à la citerne.

2 Poursuivre en face par la piste pour voir les gros chênes.

3 Revenir sur ses pas jusqu'à la citerne.

2 Emprunter le sentier à gauche. Plus loin, il descend en forte pente à travers bois et débouche sur une large piste.

4 Tourner à gauche. S'engager sur le sentier qui descend, passe devant un vieux moulin ruiné et une grotte, puis arrive au pont des Tuves, sur la Siagne. Le traverser pour voir une petite cascade au départ d'un sentier qui remonte vers Saint-Cézaire.

5 Revenir à la large piste.

4 La suivre à gauche. Elle longe la Siagne. Atteindre une intersection.

6 Tourner à droite et s'engager sur le sentier qui s'élève le long d'un vallon boisé. Poursuivre la montée à droite par la route du barrage sur 150 m.

7 S'engager sur le sentier à droite. Il débouche sur la route du Stade. La suivre à droite jusqu'au parking.

 Parking stade du Défens, à 2 km au Nord-Est du village par le chemin du Moulin, le chemin de Cuguillade et le chemin du Stade

 Balisage
jaune

 Difficulté particulière

■ descente raide vers le pont des Tuves entre **2** et **4**
■ prudence par temps de pluie entre **6** et **7**

Ne pas oublier

Truite. *Dessin N.L.*

  À voir

En chemin

■ vieux chênes âgés de 300 à 400 ans ■ pont des Tuves ■ cascade
■ bords de la Siagne

 Dans la région

■ grottes de Saint-Cézaire
■ Caussols : observatoire du CERGA

Les gros chênes du bois du Défens

L e mot « défens » (ou « défends »)
date du Moyen Âge : il s'agissait
de la défense faite au concessionnaire
d'une forêt d'y pratiquer des coupes, ou
bien encore une interdiction du droit
de passage ou de pâturage. Les terrains
étaient en général clôturés. C'est sans
doute cette interdiction qui nous vaut
d'admirer aujourd'hui cette magnifique
chênaie sur la commune de Callian, au
lieu-dit Le Défens, où l'on estime que les
plus gros chênes (2 mètres de diamètre)
sont âgés de quatre à cinq siècles.

Les bergers qui montaient depuis la côte
en transhumance vers la montagne s'ar-
rêtaient en ce lieu avec l'autorisation du
seigneur local. En Provence, de multiples lieux-dits se nomment ainsi, mais
souvent avec des graphies différentes.

Gros chêne du bois du Défens. *Photo P.T.*

Les gorges de la Siagne

Arpentez la tumultueuse Siagne, du pont des Tuves au pont de Rey, avant de découvrir le bois du Défens et ses chênes centenaires.

Glands. *Dessin N.L.*

❶ Prendre la piste tout droit dans le prolongement de la route, passer la barrière et continuer jusqu'à la citerne.

❷ Emprunter le sentier à droite. Plus loin, il descend en forte pente à travers bois et débouche sur une large piste. Tourner à gauche.

❸ S'engager sur le sentier qui descend, passe devant un vieux moulin en ruine et une grotte, puis arrive au pont des Tuves. Le traverser pour voir une petite cascade au départ d'un sentier qui remonte vers Saint-Cézaire.

❹ Repasser le pont.

❸ Virer à droite en contournant le plan d'eau et prendre le sentier qui longe la Siagne. Passer près d'une ruine (*à l'allure d'un donjon les pieds dans l'eau*) et monter sur la gauche près d'un cabanon et d'une autre ruine. Arriver au niveau du pont de Rey-de-Siagne.

❺ Ne pas le traverser et prendre à gauche, en angle aigu, le large chemin de terre qui s'élève à flanc de vallon et atteint deux ruines situées à gauche. Emprunter le petit sentier à gauche. Il monte et débouche sur la D 96. La longer à gauche sur 300 m.

❻ Au niveau de la citerne, prendre le large chemin de terre à gauche. Il passe devant les gros chênes (374 m). Continuer jusqu'à la citerne.

❷ Par la piste suivie à l'aller, rejoindre le stade.

---

3 h
9 Km

433m △ 165m

Situation Montauroux, à 12 km à l'Est de Fayence par les D 19, D 562 et D 37

 Parking stade du Défens, à 2 km au Nord-Est du village par le chemin du Moulin, le chemin de Cuguillade et le chemin du Stade

 Balisage
jaune

 Difficulté particulière

■ descente raide vers le pont des Tuves entre ❷ et ❸

Ne pas oublier

 **À voir**

 En chemin

■ pont des Tuves ■ cascade ■ gorges de la Siagne ■ pont de Rey ■ vieux chênes âgés de 300 à 400 ans

Dans la région

■ massif de l'Esterel
■ lac de Saint-Cassien : plage et sports nautiques

37

Le barrage de Malpasset

Inauguré en 1954, le barrage de Malpasset devait répondre au régime capricieux des eaux de la région : pluies torrentielles au printemps et en automne, longues périodes de sécheresse en été et en hiver.

Cet ouvrage à voûte mince en arc d'ogive pouvant retenir 50 millions de mètres cubes d'eau a régularisé cinq ans durant le cours de la rivière du Reyran et irrigué les quelque 50 000 hectares de cultures de pêches et de raisins de la plaine de Fréjus.

Malheureusement, lors des pluies diluviennes de fin novembre 1959, il se remplit trop vite et ne put résister à la montée des eaux. Le 2 décembre 1959, à 21 h 45, il se rompit, laissant échapper une gigantesque vague qui, en quelques minutes, dévasta tout sur son passage et fit plus de 400 victimes.

Le barrage de Malpasset. *Photo P.T.*

Le barrage de Malpasset

Dans un décor majestueux, ce site évoque la rupture du barrage, aux vestiges encore visibles, dont les eaux déferlèrent sur la ville de Fréjus dans la nuit du 2 décembre 1959.

Arbousier. *Dessin N.L.*

❶ Prendre la piste à gauche, passer la barrière et continuer par la piste sur 800 m. Près d'un gros rocher situé à droite en contrebas, la piste se ravine et descend vers un gué.

❷ Le franchir, puis remonter et poursuivre par la large piste à gauche. Elle longe une conduite forcée (*amenant l'eau du lac de Saint-Cassien à Fréjus*) et amène aux ruines du barrage.

▶ La suite du circuit ne peut s'effectuer que par temps sec, car il faut franchir un gué.

❸ Monter sur la gauche au sommet du barrage par les points d'ancrage, puis redescendre par un sentier qui longe le vallon et atteint une intersection.

❹ Continuer par le sentier qui suit le vallon à gauche, passer sous le viaduc de l'autoroute, franchir le gué à gauche et aller jusqu'aux ruines romaines.

❺ Par l'itinéraire emprunté à l'aller (*prudence dans la descente du barrage*), rejoindre le parking.

4 h 30
14 Km

155m / 41m

Situation Les Esterets-du-Lac (commune de Montauroux), à 18,5 km au Sud-Est de Fayence par les D 19, D 562 et D 37

 Parking avant la route qui descend au lotissement

 Balisage

❶ à ❹ jaune
❹ à ❺ blanc-rouge

 Difficulté particulière

■ circuit à ne pas entreprendre par temps de pluie (gué dangereux et terrain glissant à proximité du barrage) ; montée et descente des vestiges du barrage en ❸

Ne pas oublier

 À voir

 En chemin

■ ancien barrage de Malpasset (rompu en 1959)
■ ruines romaines (vestiges de l'aqueduc romain)

 **Dans la région**

■ Fréjus : ville romaine (arènes, aqueduc) et cité épiscopale
■ lac de Saint-Cassien : plage et sports nautiques

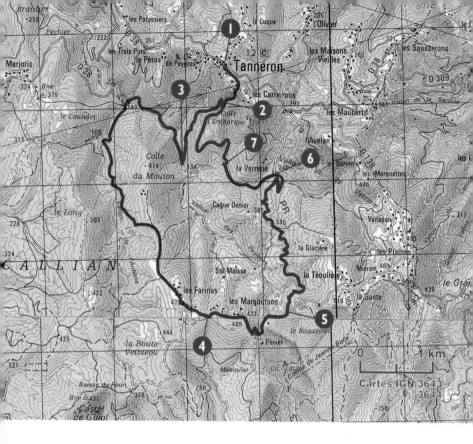

Le massif du Tanneron

Ce massif se caractérise par une succession de collines à la végétation dense : la route d'accès, taillée dans le gneiss, se faufile entre les chênes-lièges sur l'adret (versant ensoleillé), les châtaigniers sur l'ubac (versant à l'ombre), la bruyère, les pins et les mimosas sauvages. Entièrement dévastée en 1970 par un incendie et en 1985 par un froid intense, la forêt a aujourd'hui retrouvé toute sa vigueur.

C'est au XIXe siècle que les mimosas, importés d'Australie, connurent un essor extraordinaire. Depuis, ils couvrent, de janvier à mars, les collines d'un épais manteau doré. De leur côté, les « mimosistes » locaux font fleurir le mimosa dans des forceries (25 °C, taux d'humidité à 80 %), et expédient dès janvier dans la France entière leurs bouquets odorants qui annoncent le printemps.

Le massif du Tanneron. *Photo A.*

Les crêtes de Tanneron

Eucalyptus.
Dessin N.L.

C'est en plein hiver qu'il faut partir à la découverte des plus belles plantations de mimosas et d'eucalyptus de toute la Côte d'Azur.

Situation Tanneron, à 23 km à l'Est de Fayence par les D 19, D 562, D 94 et D 38

 Parking mairie

 Balisage
jaune

 Difficulté particulière

■ descente raide entre ❹ et ❺

Ne pas oublier

❶ De la mairie, prendre le chemin de la Grille (direction du stade municipal), puis continuer par le chemin de Touordam.

❷ À la colle d'Embarque (col), quitter la route, s'engager à droite sur la piste DFCI H6-Touordam qui descend à flanc de colline, puis continuer tout droit jusqu'au croisement en bas du vallon.

❸ Partir à droite en épingle à cheveu et longer le ruisseau jusqu'à la D 38 (citerne). Franchir le pont à gauche, prendre le sentier à gauche, puis suivre la direction « vallon de l'Aubarie » et monter sur la crête boisée. Passer devant un puits (*point de vue sur Grasse et Saint-Vallier-de-Thiey*) et continuer par la route qui traverse le hameau des Farinas, puis celui des Grailles.

❹ Continuer par la route jusqu'à l'altitude 423 m puis tourner à droite et poursuivre jusqu'à une intersection (353 m ; *point de vue sur les sommets de l'Esterel : le mont Vinaigre et le pic de l'Ours*).

❺ S'engager sur la piste DFCI H5-La Verrerie à gauche. Elle longe les flancs du vallon, passe un col puis descend dans le vallon de la Verrerie et arrive au pont.

❻ Ne pas le franchir, mais prendre à gauche la piste DFCI H4-Gros-Vallon sur 1,5 km.

❼ Au cairn, partir à droite, traverser le ruisseau et remonter par le chemin, qui débouche sur la route derrière le stade. Continuer et retrouver la colle d'Embarque.

❷ Par l'itinéraire suivi à l'aller, rejoindre la mairie de Tanneron.

 À voir

En chemin

■ Tanneron : village perché à habitat dispersé (22 hameaux)
■ point de vue sur Grasse, Saint-Vallier-de-Thiey et les sommets de l'Esterel (mont Vinaigre et pic de l'Ours)
■ bois de mimosas et forêts d'eucalyptus

Dans la région

■ Tanneron : chapelle romane Notre-Dame-de-Peygros
■ Corniche d'Or de l'Esterel (entre Saint-Raphaël et Théoule)
■ plages du Débarquement d'août 1944

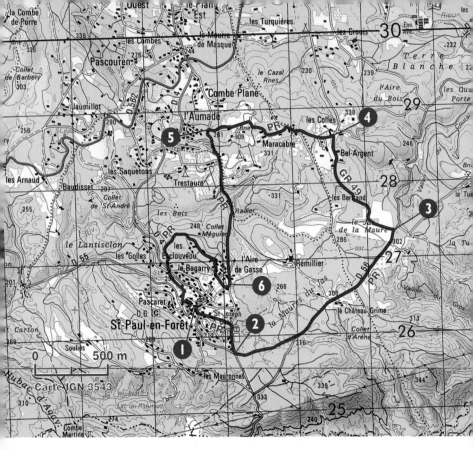

L'olivier

L'olivier symbolise la paix, la prospérité, l'espérance et la foi. Saint-Paul-en-Forêt, richement doté de ses arbres bienfaisants, en retire assurément les fruits !

Ici, l'olivier donne le ton au gré de la météo devenant argenté les jours de froid, vert par beau temps, gris par temps de pluie.

On le cultive pour son huile, qui entre dans l'élaboration de nombreux produits alimentaires, pharmaceutiques ou esthétiques.

Autrefois, chaque famille fabriquait son propre savon avec l'huile tirée de ses oliveraies. Les particularités gustatives de l'huile d'olive (amère, piquante, au goût amandé ou bien encore de prune, avec une intensité moyenne ou grande, etc.) varient selon l'exposition, le terroir et les différentes variétés des plants (Lucques, Verdale ou Picholine).

Olivier. *Dessin N.L.*

Trestaure les Bois

Partez pour une grande promenade forestière. Elle vous permettra de découvrir et d'apprécier de très nombreuses essences d'arbres.

1 De la mairie, monter à la chapelle Saint-Joseph puis descendre jusqu'au complexe sportif et le longer. Continuer par la route et déboucher sur la D 4, dans Les Hauts-de-Saint-Paul.

2 Emprunter le chemin de Péguière à gauche (*ancien chemin de Saint-Paul-en-Forêt à Callian*), puis longer la D 56 à gauche sur 2 km.

3 Partir à gauche, longer la lisière et poursuivre par le chemin qui traverse le bois. Continuer par la route, passer Bel-Argent et atteindre le carrefour des Colles.

4 Emprunter à gauche la route en direction de L'Aumade jusqu'à l'ancienne route de Saint-Paul à Fayence.

5 Tourner à gauche vers Saint-Paul-en-Forêt. À la station de pompage, aller tout droit pour couper le virage de la route et rejoindre le plateau de Trestaure. À l'extrémité du plateau, s'engager à droite sur le chemin limitrophe entre les communes de Saint-Paul-en-Forêt et de Fayence. Il suit la ligne électrique, descend au radier et retrouve la route. La prendre à droite jusqu'au rond-point.

6 Se diriger à droite sur 50 m, puis emprunter à droite le chemin des Bois. Au bout, continuer par le chemin de terre, puis descendre à gauche par le chemin et aboutir au carrefour avec la D 4. La suivre à gauche sur quelques mètres et s'engager à droite sur le chemin qui mène au pied du château. Monter à gauche pour rejoindre la rue de la Verrerie, puis passer la poste et l'église avant de retrouver le parking.

4 h
12 Km

337m
255m

Situation Saint-Paul-en-Forêt, à 9,5 km au Sud de Fayence par les D 563 et D 4

 Parking mairie

Balisage
1 à **3** jaune
3 à **4** blanc-rouge
4 à **1** jaune

Ne pas oublier

À voir

 En chemin

■ Saint-Paul-en-Forêt : village fleuri ■ lavoir ■ chapelle Saint-Joseph (panorama) ■ belvédère

 Dans la région

■ Bagnols-en-Forêt : la Pierre-du-Coucou ; les Meules (site des anciennes meules des moulins à huile) ■ gorges du Blavet

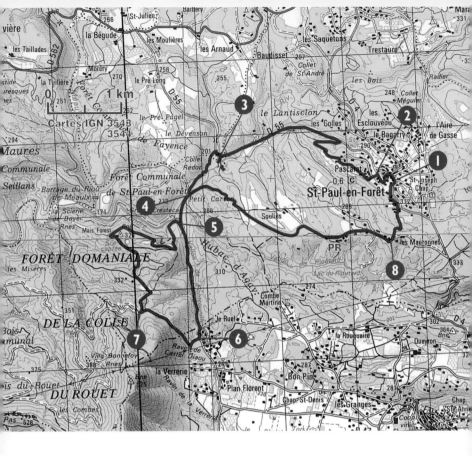

Les forêts de Saint-Paul

Le village a pris en 1918 le nom de Saint-Paul-en-Forêt, ce qui lui sied très bien puisque les deux tiers de son territoire sont boisés.

Au sud, la Maure siliceuse, partie du massif de l'Esterel, est le domaine des pins maritimes et des chênes-lièges ; la Selve calcaire, au nord, est quant à elle celui des pins sylvestres, des pins d'Alep et des chênes blancs (ou taillis).

Les Saint-Paulois, empreints d'une forte culture sylvicole, ont toujours su tirer leurs ressources de cette forêt : bois de charpente pour la construction des habitations ou des navires, glands pour la nourriture des troupeaux de porcs, bois pour le chauffage et l'alimentation des fours à chaux ou artisanaux, notamment pour la cuisson des tuiles et la verrerie.

Chêne-liège.
Dessin N.L.

La forêt royale

5 h 30
16 Km

325m
201m

Situation Saint-Paul-en-Forêt, à 8 km au Sud de Fayence par les D 563 et D 4

Découvrez l'antique forêt de Saint-Paul, traversée par l'Endre, rivière sauvage aux eaux pures : à faire au choix sur une journée ou en 3 heures.

 Parking mairie

❶ De la mairie, descendre vers l'église en prenant vers la droite la rue Michel-Auclerc.

Balisage jaune

❷ Au carrefour, tourner à gauche pour prendre la D 55 en direction de Draguignan et la quitter pour prendre à gauche une petite route vers Pascaret et Maugariel jusqu'à la D 55. La suivre à gauche sur 1,5 km. Elle traverse l'Endre, puis arrive à un second pont sur un affluent.

▶ Avant le pont, le petit sentier à gauche mène à un ancien pont en dos d'âne sur l'Endre (*qui desservait jadis le moulin aujourd'hui en ruine*).

❸ Poursuivre par la D 55, franchir le pont et prendre la piste Forêt-Royale à gauche, puis traverser le radier sur l'Endre.

Ne pas oublier

▶ Variante du Jas-de-la-Maure (*circuit total de 10 km*) : emprunter la piste de Souliès à gauche pour rejoindre directement Saint-Paul-en-Forêt.

❹ Continuer par la piste jusqu'à un embranchement.

❺ Poursuivre par la piste dans le vallon de Fontcounille.

❻ Au carrefour, tourner à droite et emprunter la piste qui longe le vallon de l'Hubac de Castel-Diaou jusqu'à un croisement.

 **À voir**

❼ S'engager sur la piste à droite (*citerne sur la gauche*). Elle franchit un col, laisse la maison forestière à droite, la contourne par le Nord et descend dans le vallon de Fontcounille.

En chemin

❺ Prendre la piste à gauche jusqu'au radier.

■ Saint-Paul-en-Forêt : village typique ■ pont en dos d'âne et ruines d'un moulin ■ forêt royale ■ point de vue sur le lac de Méaulx et la chaîne du Malay, au pied de la montagne du Lachens (1715 m).

❹ À la citerne SPF, s'engager à droite sur la piste de Souliès qui longe le vallon puis s'élève à droite. Continuer par la route à droite, laisser le chemin qui descend au lac de Rioutouard à droite et poursuivre par la route.

❽ Rejoindre la D4 et retrouver le parking à la mairie.

Dans la région

■ Saint-Paul-en-Forêt : chapelle Saint-Joseph (panorama) ■ Fréjus : ville romaine (arènes, aqueduc) et cité épiscopale

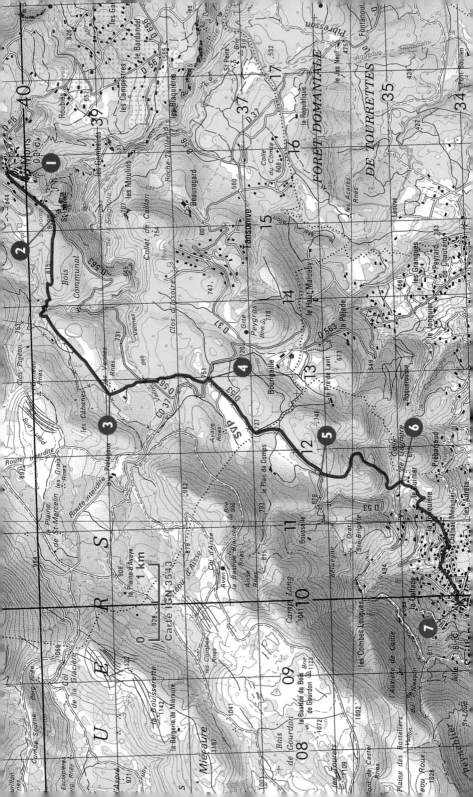

Le Sentier des Villages Perchés : de Mons à Seillans

 4 h **12 Km**

 814m 404m

Partez sur les traces des anciens voyageurs, sur l'antique voie qui reliait Mons à Seillans.

Abeille. *Dessin N.L.*

❶ De la place Saint-Sébastien, rejoindre le carrefour des D 563 et D 56, puis prendre le sentier de la Marmite qui longe le pied Nord du village fortifié. Continuer par la D 563 à gauche sur 500 m.

▶ *À gauche, la chapelle Saint-Laurent domine, sur un piton rocheux, les sources de la Siagnole.*

❷ Quitter la D 563 et prendre à droite le chemin qui traverse le bois communal de Valbuissole (*plateau planté de chênes verts et de buis, vue sur la vallée de la Siagnole*). Descendre dans le vallon du Fil, passer sur le pont de pierre qui surplombe le lit du ruisseau et remonter le vallon des Vennes, le long du camp militaire de Canjuers (*ruines de bergeries et de bories*).

❸ Aux Vennes, bifurquer à gauche, couper la D 563 (738 m), tourner à droite, longer la CD 37 sur 20 m continuer par le sentier jusqu'au col d'Avaye (751 m).

❹ Au carrefour des D 563 et D 53, emprunter la D 53 en face, le long du domaine Bourigaille et du pré de Lavit.

❺ À la citerne SLN 03, prendre la piste forestière à gauche. Elle descend dans le vallon de la Camandre, passe le pont (*vue sur les sources captées*), puis continue jusqu'au col de Cuinier (566 m ; *à droite, panorama sur Seillans*).

❻ Partir à gauche sur 1,5 km pour descendre vers Seillans. Prendre la D 53 à gauche, passer le pont du Riou et continuer tout droit par l'ancienne route de Mons. Tourner à droite, puis à gauche, pour enjamber le ruisseau de la Parfumerie, puis suivre la rue Souto-Barry à droite et arriver à la Font d'Amont. Franchir la porte Sarrasine et gagner l'office du tourisme de Seillans ❼.

Situation Mons, à 13,5 km au Nord de Fayence par la D 563

 Parking place Saint-Sébastien

Balisage blanc-vert

 Difficulté particulière

■ circuit linéaire (prévoir soit une étape à Seillans, soit un moyen de transport pour le retour, ou laisser un véhicule à l'arrivée et un véhicule au départ)

Ne pas oublier

 À voir

 En chemin

■ Mons : village perché
■ chapelle Saint-Laurent
■ ruines de bergeries et bories ■ pont sur la Camandre
■ sources captées ■ Seillans : village perché

 Dans la région

■ La Roque-Esclapon : château de la Lubi, mont Lachens (parapente, vol libre)
■ Bargème : village pittoresque et ruines du château

Mons

Le village de Mons est ancré sur un éperon rocheux à 814 mètres d'altitude. La place Saint-Sébastien – qui surplombe les vallées de la Siagne et de la Siagnole – offre un panorama allant de Toulon aux Alpes italiennes ; par beau temps, il s'étend au-delà des îles de Lérins, jusqu'à la Corse.

Dévasté par la peste en 1348, Mons fut longtemps laissé à l'abandon. Pour le repeupler, le seigneur local Gaspard de Villeneuve fit venir en 1468 une quarantaine de familles génoises. Ces immigrés rebâtirent le village et exploitèrent à nouveau le sol. C'est à eux que l'on doit les kilomètres de restanques (murets de pierres) et la culture de l'olivier. Les Monsois ont conservé de cette influence italienne un patois : le figoun.

Après avoir flâné dans les ruelles étroites bordées de maisons en pierres sèches qui mènent à l'église Notre-Dame-de-l'Assomption, il est possible de visiter le musée Mer et Montagne où un enfant du pays, Robert Audibert, expose des modèles réduits de bateaux en bois d'allumettes ainsi qu'une très belle maquette du village.

Mons. *Photo A.*

Seillans

Seillans. *Photo A.*

Village perché aux maisons ocre rosé, Seillans est classé parmi les « plus beaux villages de France » ; ses ruelles pavées s'élèvent vers un château du XIᵉ siècle et vers ses remparts.

Les Romains, qui l'occupent dès le IIᵉ siècle, y construisent des villas, centres politiques et agricoles d'alors. Au IXᵉ siècle, un décret royal restitue la ville de Seillans à l'évêque de Marseille, époque à laquelle est édifiée Notre-Dame-de-l'Ormeau.

Du IXᵉ au XIIIᵉ siècle, le village sera durement touché par les incursions sarrasines et les épidémies de peste.

Au XVIIIᵉ et au XIXᵉ siècles, l'élevage des vers à soie joue un grand rôle dans la vie locale ; en 1875, une magnanerie remplace la filature de coton existante. Elle périclitera cependant dans les années 1930. C'est la parfumerie de la marquise de Rostaing, spécialisée dans la création de parfums de base, qui « réveillera » à nouveau le village.

Seillans fut un lieu de résidence recherché par de nombreuses personnalités des lettres et des arts, parmi lesquelles les poètes Jean Aicard et Alphonse Karr. Le peintre Max Ernst s'y installa en 1964, et y séjourna jusqu'à la fin de sa vie. Une fondation lui est aujourd'hui consacrée.

Rue de Mons. *Photo Y.G.*

Le Sentier des Villages Perchés : de Seillans à Callian

4 h
15 Km

404m
219m

Traversez un paysage habité et passez dans les villages perchés de Fayence et de Tourrettes, reliés par un réseau de sentiers et de petites routes. Ils ouvrent un large panorama vers l'Esterel.

❶ Quitter Seillans par la rue du Bas-de-Ville, traverser la D 53, passer la chapelle Notre-Dame-de-l'Ormeau, puis suivre la D 19 à droite sur 50 m.

❷ Emprunter à gauche le chemin des Hauts Plans sur 2 km et arriver au Peyron. Tourner à gauche pour prendre la direction du Banégon. Passer Prébarjaud et continuer jusqu'à une bifurcation, avant la montée.

❸ Continuer la route sur 300 m jusqu'à un oratoire à gauche. Prendre en face le sentier qui descend vers les Cauvets.

❹ Au carrefour, partir à gauche pour traverser la Camandre sur le Vieux Pont, puis monter à droite par le chemin de la Bonnefont. Couper la D 563 et continuer par les rues Saint-Roch, des Remparts et Saint-Clair. Croiser à nouveau la D 563, utiliser les escaliers qui mènent à la tour de l'Horloge et rejoindre l'office du tourisme de Fayence.

❺ Traverser la D 563, descendre par les escaliers qui mènent sur le boulevard de Tourrettes, puis suivre la rue Droite jusqu'à la place du Terrail. Au fond de la place, utiliser l'escalier à gauche. Il débouche sur le parking du Lavoir.

❻ S'engager sur la petite route en face du lavoir, traverser La Regagnade, puis passer sur le pont qui enjambe le Chautard. Se diriger à gauche vers Les Mures, continuer par le chemin de terre puis par le chemin forestier, et atteindre une intersection.

❼ Prendre la piste à droite, passer la barrière, continuer par la piste et s'engager à droite sur le sentier Velnasque. Croiser la piste et poursuivre par le sentier des Croix, qui descend à la D 56. L'emprunter à droite sur 200 m.

❽ S'engager sur la petite route à gauche et franchir le gué, puis passer devant le centre de cardiologie et arriver à un croisement. Prendre à gauche la route qui monte au village de Callian et rejoindre la place Saint-Roch **❾** *(centre de Callian 250 m plus haut)*.

Situation Seillans, à 7,5 km à l'Ouest de Fayence par la D 19

Parking
à côté de l'office du tourisme

Balisage
blanc-vert

Difficulté particulière

■ circuit linéaire (prévoir soit une étape à Callian, soit un moyen de transport pour le retour, ou laisser un véhicule à l'arrivée et un véhicule au départ)
■ gué entre ❽ et ❾

Ne pas oublier

À voir

 **En chemin**

■ Seillans : village perché
■ chapelle Notre-Dame-de-l'Ormeau ■ Fayence : village perché, tour de l'Horloge
■ Tourrettes : village perché, château du Puy ■ ruines de Velnasque ■ Callian : village perché

Dans la région

■ massif de l'Esterel ■ Corniche d'Or de l'Esterel (entre Saint-Raphaël et Théoule)

Fayence

Juché sur un promontoire, Fayence (chef-lieu du canton du même nom) était entouré autrefois d'une enceinte fortifiée.

Au XIIe siècle, le village appartient aux évêques de Fréjus qui y édifient un château. Dépeuplé par les sarrasins et par les brigands, Fayence ressuscite au XVe siècle lorsque les habitants de Callian s'y installent après la destruction de leur village, en 1391.

Tour de l'Horloge, Fayence. *Photo P.M.*

De la place du Château – duquel il ne reste que la tour de guet, après sa destruction par monseigneur de Fleury au XVIIIe siècle –, il est possible de se rendre à la table d'orientation : celle-ci offre un panorama embrassant le château du Puy-de-Tourrettes, le massif de l'Esterel et le Centre international de vol à voile.

Dans le bas du village, le vieux Fayence étire ses calades (ruelles en pente) tortueuses et étroites qui mènent, au hasard de la marche, à l'ancien four à pain du Mitan, à de nombreux andrônes (passages couverts reliant et séparant deux maisons par une troisième), à l'église Saint-Jean-Baptiste, du XVIIIe siècle, ou encore au porche de l'Hôtel-de-Ville, construit sous Napoléon III.

Tourrettes

Bien que limitrophe de Fayence, Tourrettes a mené une existence autonome au cours des siècles. Son histoire est étroitement mêlée à celle de la famille des Villeneuve-Tourrettes, qui fit souche dans le pays dès l'an 1000.

Le village offre un aspect très pittoresque par l'étroitesse de ses rues et l'originalité de son château, réplique exacte de l'École des cadets de Saint-Pétersbourg. Construit en 1833 par le général Fabre à son retour de Russie, le « château du Puy » sera sa demeure ainsi que son tombeau, à sa mort, en 1847.

Au début du XXe siècle, Tourrettes tirait l'essentiel de ses ressources de la vigne, de l'olivier et du mouton ; à partir de 1960, l'essor du tourisme engendra le développement de nouveaux secteurs d'activités tournés entre autres vers les loisirs. En témoigne l'aérodrome militaire, implanté en 1935 sur les communes de Fayence et de Tourrettes : transformé en centre de vol à voile, il est aujourd'hui classé premier d'Europe.

Tourrettes. *Photo A.*

Porte sarrasine, Fayence. *Photo P.M.*

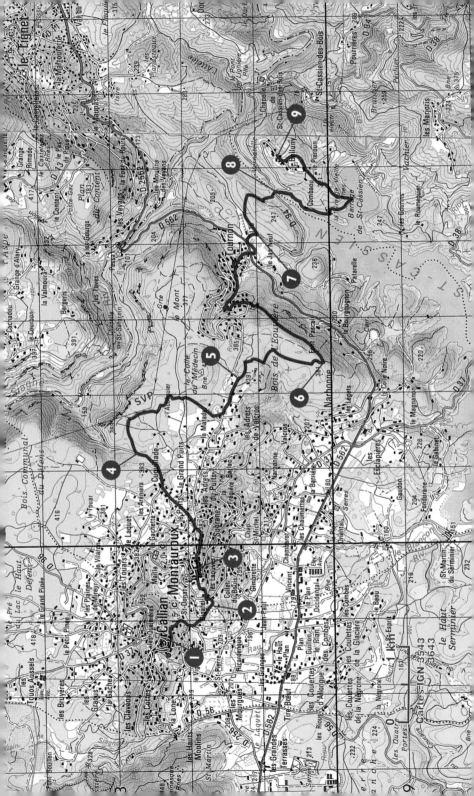

Le Sentier des Villages Perchés : de Callian à Belluny

5 h
15 Km

391m
169m

Situation Callian, à 10 km à l'Est de Fayence par les D 19, D 562, D 256 et D 56

Parking
château Goerg

Balisage
blanc-vert

Difficulté particulière

■ circuit linéaire (prévoir un moyen de transport pour le retour, ou laisser un véhicule à l'arrivée et un véhicule au départ)

Au départ de Callian, l'itinéraire part à travers bois vers le lac de Saint-Cassien avant de s'élancer sur les premiers contreforts du massif du Tanneron.

1 De la place Saint-Roch, s'engager sur la petite route qui mène à la chapelle Saint-Donat. Continuer sur 50 m, franchir le pont à gauche et emprunter le chemin de Mayan jusqu'à un croisement (293 m).

2 Suivre à gauche le chemin de Bigarelle puis tourner à droite vers La Ferrage jusqu'à la place Justin-Blanc. Par la rue Eugène-Segond, arriver à la mairie de Montauroux.

3 Prendre en face (Est) la rue Sainte-Brigitte, passer le rond-point du 8-Mai-1945 et suivre la rue du Moulin. Au carrefour, prendre légèrement sur la droite la route qui descend vers la Siagne et la suivre sur 1,5 km.

4 S'engager à droite sur le sentier. Il passe le croisement du Clos-de-Roland et débouche sur le CV 1. L'emprunter à gauche sur 650 m, jusqu'à L'Engueiraou.

5 Dans le virage, prendre la piste à droite, passer la barrière et continuer sur 250 m. Partir à droite, puis se diriger à gauche vers la colle du Colon.

6 Prendre le sentier Font-Pascal à gauche. Il arrive au domaine de Château-Tournon. Le contourner par la droite. Au fond du vallon, tourner à droite, traverser Tournon puis la D 562, et emprunter à gauche le sentier qui conduit à l'ancienne gare de chemin de fer, au carrefour des D 562 et D 94. Suivre la D 94 à droite sur 200 m.

7 Emprunter la piste H 101-La Freyière à gauche. Elle s'élève à droite jusqu'à la crête boisée des Croisières (222 m). Descendre par le sentier à droite et couper la D 94.

8 À la citerne, s'engager à droite sur la piste H 14-Grange-Vieille. Elle longe le lac de Saint-Cassien et passe entre des ruines. Environ 20 m avant de descendre au lac, monter par le petit sentier à gauche. Prendre la route à gauche sur quelques mètres, puis tourner à droite sur le sentier qui rejoint le hameau de Belluny. Le traverser pour atteindre, à droite, un transformateur **9**.

Ne pas oublier

À voir

 En chemin

■ Callian : village perché
■ chapelle Saint-Donat
■ Montauroux : village perché ■ domaine de Château-Tournon ■ lac de Saint-Cassien

 Dans la région

■ lac de Saint-Cassien : plage, sports nautiques
■ massif de l'Esterel

Callian

Callian. *Photo A.*

Perché sur un contrefort rocheux, Callian déroule ses ruelles en spirale jusqu'à son château, dont les tours datent des XIIe et XIIIe siècles et qui fut restauré dans les années 1960. Le village compte de nombreuses églises et chapelles. La plus ancienne, la chapelle Notre-Dame-des-Roses, se trouve au bas du village. On y a retrouvé moults vestiges romains, dont un cippe (stèle funéraire ou votive) aujourd'hui exposé sur les marches de la mairie.

Au pied du château, la chapelle romane des Pénitents (chapelle du XIIe siècle) accueille de nos jours expositions et concerts classiques tout au long de l'été. Enfin, l'église paroissiale Notre-Dame-de-l'Assomption (1685), au clocher quadrangulaire en tuiles vernissées, abrite les reliques de sainte Maxime ainsi que des retables, des tableaux et des ex-voto. Callian a longtemps cultivé sur son important territoire boisé – il s'étendait jusqu'à la côte – les roses et le jasmin pour les parfumeries grassoises. Maintenant, ce sont surtout les champs d'oliviers qui y ont la part belle.

Montauroux

Montauroux (5 000 habitants) est un village perché situé aux confins du Var et des Alpes-Maritimes. Les premiers seigneurs connus de la famille Aurosa, venue fonder le village en 1040, lui donnèrent son nom : Monte Aurosa.

Autrefois commune agricole vivant de la culture de l'olivier, de la vigne et des fleurs à parfum, Montauroux s'oriente aujourd'hui vers le tourisme grâce à de nombreux atouts : ruines féodales, traditions folkloriques, ruelles provençales ou édifices religieux, comme la chapelle Saint-Barthélemy, dite des « Pénitents Blancs » (1634), don de Christian Dior à la commune. La voûte en berceau de cette chapelle, construite au point culminant du village, est décorée de superbes panneaux en bois peint, ce qui lui vaut d'être classée monument historique depuis 1958.

L'église paroissiale, construite au XIIe siècle et agrandie en 1691, comprend deux retables ainsi qu'un tableau de Abraham Louis Van Loo du XVIIIe siècle. Montauroux mérite donc le détour, ses richesses lui valant les appellations de « village des fontaines » ou encore de « balcon de l'Esterel ».

Montauroux. *Photo A.*

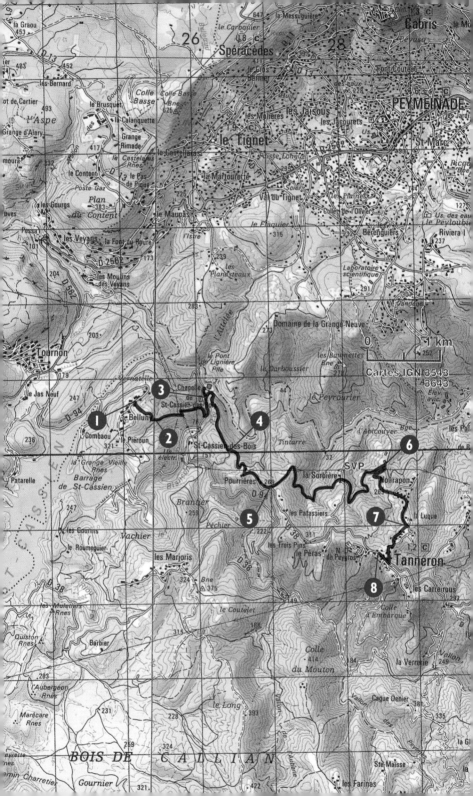

Le Sentier des Villages Perchés : de Belluny à Tanneron

3 h 30
10 Km

385m
68m

Découvrez la chapelle Saint-Cassien-des-Bois, le pont Clemenceau sur le Biançon, et pénétrez au cœur du massif du Tanneron, dont les pentes boisées se parent de nombreux mimosas, d'eucalyptus et d'oliviers.

❶ Dans le hameau de Belluny, après le transformateur, prendre à droite le chemin de terre qui descend entre les champs d'oliviers et d'anciens puits jusqu'à une antenne située à gauche. Continuer sur 30 m.

❷ S'engager à gauche sur le petit chemin herbeux. Il passe sous la.ligne haute tension, puis continue la descente jusqu'au vallon du Biançon. Prendre la D 94 à gauche sur 250 m.

▶ La route mène, en 100 m, à la chapelle Saint-Cassien-des-Bois.

❸ Traverser le petit pont (68 m) qui enjambe le Biançon à droite et continuer par la piste H 109-Saint-Cassien-Bois qui s'élève sur la crête boisée.

❹ Bifurquer à gauche sur la piste H 108-La Biscare qui mène à Pourrières. Poursuivre à gauche par le sentier et déboucher sur la piste H 11-Tintare.

❺ Continuer sur la piste H 11-Tintare en direction de Sorbière. Elle franchit le vallon du Peyrouriel (115 m) et remonte à La Sorbière. Prendre la petite route à gauche sur quelques mètres, puis emprunter à droite le petit sentier qui descend, contourne le vallon et débouche sur une piste (214 m).

❻ La prendre à droite jusqu'au hameau des Rebuffels. Continuer par la route en face sur 500 m.

❼ Tourner à droite sur l'ancien chemin de Font-de-Gras. Au carrefour, prendre à droite la route qui traverse Font-de-Gras et atteindre la D 38. La suivre à droite pour rejoindre l'office du tourisme et la mairie de Tanneron ❽ .

Situation hameau de Belluny, à 14 km à l'Est de Fayence par les D 19, D 562 et D 94

Parking transformateur

Balisage
blanc-vert

Difficulté particulière

■ circuit linéaire (prévoir un moyen de transport pour le retour, ou laisser un véhicule à l'arrivée et un véhicule au départ)
■ dénivelé cumulé à la montée de 450 m

Ne pas oublier

À voir

En chemin

■ chapelle Saint-Cassien-des-Bois ■ pont Clemenceau ■ mimosas, eucalyptus et oliviers ■ Tanneron : village perché à habitat dispersé (22 hameaux)

Dans la région

■ Grasse : vieille ville, parfumeries et musées

Saint-Paul-en-Forêt

Au centre d'un vaste cirque, encadré au nord par le mont Lachens, au sud par les derniers contreforts de l'Esterel et à l'ouest par les chênes du Défens et du Rouet, Saint-Paul-en-Forêt semble perdu au centre d'une végétation luxuriante. Le territoire saint-paulois fut occupé par les Ligures avant de l'être par les Romains, après la victoire de César. Le village s'est d'abord appelé Saint-Paul-de-la-Galline-Grasse, puis Saint-Paul-les-Fayence. Il fut longtemps sous la dépendance administrative et juridique de Fayence, et son histoire locale aura été celle d'une longue lutte pour l'indépendance : ce n'est qu'en 1823 qu'il devint une commune. Il faudra attendre 1918 pour qu'il prenne, sur décision du conseil municipal, le nom de Saint-Paul-en-Forêt, lui conférant ainsi son autonomie.

La verrerie du village occupa un rôle important au XVIIe et surtout au XVIIIe siècle : elle fournissait les bouteilles, les dames-jeannes et le verre à vitre de toute la région entre Draguignan et Grasse. Sa fermeture en 1871 signifia la disparition de multiples corps de métiers. Victime de l'exode rural, Saint-Paul-en-Forêt s'est créé une nouvelle dynamique avec l'essor du tourisme.

Le pont du Moulin-de-l'Endre. *Photo Y.G.*

Tanneron

À la limite des Alpes-Maritimes, Tanneron – la plus orientale des communes du canton – comporte 22 hameaux éparpillés sur son territoire. De la chapelle Notre-Dame-de-Peygros, la vue panoramique embrasse la ville de Grasse et les villages perchés de Saint-Cézaire, de Saint-Vallier-de-Thiey et de Gourdon.

Le massif du Tanneron, granitique, est peu favorable à la culture et aux voies de communication : la via Aurélia le contourne par le sud, et l'antique voie médiévale par le nord.

Ce massif était couvert au XVIe siècle d'une pinède dont le bois, très recherché par la Marine royale, était acheminé vers Toulon par la Siagne.

Au XIXe siècle, le mimosa (importé d'Australie) supplanta peu à peu les pins, trouvant là un terrain à sa mesure.

Il constitue aujourd'hui l'un des plus beaux fleurons de Tanneron ; la Route touristique du mimosa traverse les communes de Pégomas, de Grasse, de Mandelieu-la-Napoule, de Saint-Raphaël, de Sainte-Maxime, du Rayol-Canadel et de Bormes-les-Mimosas.

Tanneron. *Photo A.*

PÔLE TOURISTIQUE
Terres & Mer
SAINT-RAPHAËL - PAYS DE FAYENCE

ULTURE

La Route Culturelle des Villages Perchés
Découvrez les multiples facettes culturelles du Pays de Fayence
Renseignements : offices de tourisme

DATES À RETENIR SUR VOTRE AGENDA

Mons : 1er week-end de février « Fête de la Sainte Agathe »
Tanneron : 1er dimanche de février « La Fête du mimosa »
Seillans : 1er week-end d'avril « Salon-concours international de la Figurine et du Soldat de Plomb »
Fayence : Mi-mai « Festival de poésie »
Callian : 2e ou 3e dimanche de mai « Fête de la Sainte Maxime »
Montauroux : 1er dimanche de juin « Expo-vente des artisans créateurs »
Tourrettes : 3e week-end de juillet « Fête patronale »
Saint-Paul-en-Forêt : avant-dernier dimanche de juillet « Greniers dans la rue »

MUSIQUE

Festival de Quatuors à Cordes en Pays de Fayence

Vacances de la Toussaint : chaque soir, le Festival investit l'un des 8 villages perchés du Pays de Fayence.
Renseignements – Réservations :
SIVOM du Pays de Fayence - Le Grand Mas
83440 Fayence - Tél. : **04 94 76 02 03**

Pour trouver l'hébergement le mieux adapté
Centrale de réservation Saint-Raphaël – Pays de Fayence
Tél. : **04 94 19 10 60** - Fax : **04 94 19 10 67**
www.saint-raphael.com
e-mail : reservation@saint-raphael.com

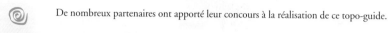

REALISATION

De nombreux partenaires ont apporté leur concours à la réalisation de ce topo-guide.

La coordination a été réalisée par Yves Audoli, président du CDRP du Var, Jean-François Blanche (président de l'association Les Pattantans) et le Syndicat Mixte pour le Développement Touristique de l'Est Varois.

La sélection et la description des itinéraires a été effectuée conjointement par le Comité départemental de la randonnée pédestre (CDRP), les associations de randonnée pédestre du canton (Leï Caminaïre, Seillans ; Escapade, Fayence ; Chemin Faisant, Callian ; Association sportive et culturelle, Mons ; Les Pattantans et Maison pour Tous (M.P.T.), Montauroux), ainsi que le Conservatoire d'étude des écosystèmes de Provence (CEEP) de Fondurane.

Le tracé des circuits et la rédaction des éléments techniques ont été entièrement réalisés par Jean-François Blanche (président de l'association Les Pattantans).
Le Sentier des Villages Perchés est inscrit au Plan départemental des itinéraires de promenade et de randonnée (PDIPR). Il a été réalisé par la Direction de l'environnement et de l'équipement rural (DEER) du Conseil général du Var.

Les textes thématiques de découverte ont été rédigés par Gérard de Bussierre (association Les Pattantans) et par le Syndicat Mixte pour le Développement Touristique (SMDT) de l'Est Varois avec le concours des offices de tourisme locaux. Le texte sur l'olivier a été écrit par madame Martel, propriétaire du domaine oléicole de Trestaure à Saint-Paul-en-Forêt. La mise en forme des textes thématiques a été assurée par Gérard de Bussierre, Jean-François Blanche et Yves Audoli.

Les photographies sont de : P.S. Azema (A.) pour le compte du Syndicat Mixte pour le Développement Touristique de l'Est Varois, Pascal Tartary (P.T.) pour le CEEP de Fondurane, E. Bouchard pour l'OTSI de Seillans (OTS), Colette Laurent (C.L.) et Pierre Marandin (P.M.) de l'association Leï Caminaïre, Gérard Delfour (G.D.) de l'association ASCM, Yves Guillerault (Y.G.) pour la mairie de Saint-Paul-en-Forêt, Annie Seuzaret (A.S.).

Les illustrations naturalistes sont de Nathalie Locoste (N.L.).

Montage du projet et direction des éditions : Dominique Gengembre.
Coordination éditoriale : Juliette Blanchot.
Secrétariat d'édition : Juliette Blanchot, Philippe Lambert, Nicolas Vincent.
Correction/lecture des descriptifs : Marie-France Helaers. Cartographie : Frédéric Luc, Arnaud Lereclus. Carte de couverture : Noël Blotti. Mise en pages : Béatrice Lereclus. Suivi de fabrication : Jérôme Bazin, Juliette Blanchot. Comité de lecture : Brigitte Bourrelier, Jean-Pierre Feuvrier, Élisabeth Gerson, Anne-Marie Minvielle, Marie-Hélène Pagot et Gérard Peter.

Création maquette : Florence Bouteilley, Isabelle Bardini – Marie Villarem, FFRP.

Les pictogrammes et l'illustration du balisage ont été réalisés par Christophe Deconinck, excepté les pictogrammes de jumelles, de gourde et de lampes de poche, qui sont de Nathalie Locoste.

Ce topo-guide a été réalisé avec le concours financier de la Fédération française de la randonnée pédestre et du Syndicat Mixte pour le Développement Touristique de l'Est Varois.

BIBLIOGRAPHIE ET CARTOGRAPHIE

- Les extraits de carte reproduits proviennent des cartes IGN au 1 : 25 000 n° 3542, 3543, 3543 ET et OT, 3544 ET, 3643, 3644.

- Germain M., *À la découverte du Pays de Fayence*, Éditions lyonnaises d'art et d'histoire.
- *Côte d'Azur*, Guide Bleu, éd. Hachette.
- *Couleurs du Var*, éd. Conseil général (disponible dans les offices de tourisme).

Pour connaître la liste des topo-guides édités par la FFRP, demander notre catalogue au Centre d'information Sentiers et Randonnées (voir *Où s'adresser ?*, page 8).

INDEX DES NOMS DE LIEUX

Avertissement : les renseignements fournis dans ce topo-guide sont exacts au moment de l'édition. Toutefois, certaines transformations du paysage engendrées par l'urbanisation, la création de nouvelles routes ou lignes ferroviaires, l'exploitation forestière ou agricole, etc., peuvent modifier le tracé des itinéraires. Le balisage sur le terrain devient alors l'élément prioritaire du repérage, avant la carte et le descriptif. N'hésitez pas à nous signaler les changements. Les modifications seront intégrées lors de la réédition.

1re édition : mars 2003, mise à jour en décembre 2003
© FFRP-CNSGR 2003 / ISBN 2-85699-963-8 / © IGN 2003 (fonds de carte)
Dépôt légal : décembre 2003
Compogravure : MCP, Orléans
Impression : Jouve, Mayenne